传播与中国译丛——
媒介道说系列——
黄旦 孙玮 主编

海德格尔论媒介

[美] 戴维·J.贡克尔 (David J. Gunkel)

[英] 保罗·A.泰勒 (Paul A. Taylor)

著 吴江 译

*Heidegger and
the Media*

中国传媒大学出版社
·北京·

辨音闻道识媒介

黄　旦

从一个故事说起。

以《闲情偶寄》立名于中国文学史的李渔,写有一部小说,名《十二楼》。内中有《夏宜楼》一卷,说的是一瞿姓相公,"亏得一件东西替他做了眼目","微光一隙仅如丝,能使瞳人生翅",偷窥到居于夏宜楼的詹姓小姐之美貌,心生莫名爱意。于是他灵机一动,将远望高探而得的楼内女方动静,借助媒人之口,一一说与詹小姐听,以示天生有缘,唬得这位小姐毛骨悚然。门禁之内的夏宜楼,男女有别,旁人不能随便进出,其动静连自家人都未必尽知,偏一个外人竟一清二楚。詹小姐百思不得其解,疑非得神助不能,遂"把个肉身男子"就当成了"蜕骨神仙"。"这等看起来,竟是个真仙无疑了!丢了仙人不嫁,还嫁谁来!"詹小姐也不是没有担心,"神仙"是否有"真形实像","不要等我许亲之后他又飞上天去,叫人没处寻他"。到了新婚夜,詹小姐初近新郎,战战兢兢,"还是一团畏敬之意,说他是个神仙,不敢十分亵狎",至半夜却发现其"欲心太重,道气全无",根本就是凡夫俗子一个。她狐疑中追究缘由,"件件查问到底",才知此桩美事功德,全得力于一个"法宝"——千里镜。瞿相公偶尔从市场购得此物,在高山寺租得一间僧房,遍扫各处房屋。之前种种,正是这双"千里眼"居高临下所功。让人想不到的是,知道真相后的詹家小姐,惊诧之余,并未显上当受骗之恼怒,反正色道:"这些情节虽是人谋,也原有几分天意,不要十分说假了。"第二天恭恭敬敬就把这件"法宝"供在了夏宜楼,做了家堂香火,夫妻二人不时礼拜。

在我看来,这就是一个媒介道说的故事。

媒介,是英文 media 的汉语译词。英文的 media,源自拉丁文 medium,意指中间。medium 一词大致有三种意涵:第一,比较古旧且运用普遍的意涵,指的是"中介机构"或"中间物"。这个意涵源于一个特别的物理或哲学的观念:一种感官(或一种思想)要去体验(或表现)必须有一个中间物。第二,着重落在技术层面,例如将声音、视觉、印刷视为不同媒介(media)。第三,专指资本主义。在这层意涵里,报纸或广播事业被视为另外事物(如广告)的一个媒介。① 也有学者为此勾勒出一条变化的线索:古典拉丁文 medium 指的是某种中间的实体或状态,但在古典之后的拉丁文以及 12 世纪之后的不列颠资料中,媒介则指从事某事的方式。一方面,媒介可以视为一种偶然性的存在,它使得现实世界中的诸多现象相互关联,或将现实世界与可能性世界相互关联。另一方面,从现代意义上来看,媒介是一类特殊资源。直到 1960 年,媒介才成为一个术语,描述实现跨时空社会交往的不同技术与机构,并因此受到特定学术领域的关注和研究。② 中国的古汉语,只有"媒"字,并无"媒介"一词。按《说文解字》中的解释,"媒即谋也,谋合二姓者也"。"谋合二姓",不仅"媒"(谋)的位置居间,而且是介入——撮合二姓的第三者。由此可见,media 或"媒",就其本义及其谱系,主要意为居中(中介机构或中间物)位置及交接转化(从事某事的方式),重点是中介行为。③ 按我的说法,媒介是有"媒"有"介",是连接、触发与转变的不断运作,是媒—介的互动和呼应。通俗地讲,就是一场"交易"④。故凡是媒介,必是从关系着眼,否则就是技术或物件。媒介

① 威廉斯.关键词:文化与社会的词汇[M].刘建基,译.北京:生活·读书·新知三联书店,2005:299-300.
② 延森.媒介融合:网络传播、大众传播和人际传播的三重维度[M].刘君,译.上海:复旦大学出版社,2012:59-60.
③ 德布雷.媒介学引论[M].刘文玲,译.北京:中国传媒大学出版社,2014:10.
④ 德布雷.媒介学引论[M].刘文玲,译.北京:中国传媒大学出版社,2014:76.

学就是研究关系方面的东西而不是物体。① 之所以习惯于将某种技术和机构（比如报纸）命名为媒介，在于预先已设定其为"实现跨时空社会交往"。

　　夏宜楼"有绿槐遮蔽，垂柳相遭，自清早以至黄昏，不漏一丝日色"，如此幽密荫深之所，却被"微光一隙仅如丝"的千里镜穿破，从而引出这一实体空间，与高山寺的瞿生照面。高山寓意宽广、挺拔和敞亮，乃为"夏"之意象；夏宜楼，则是三面环水柔软清凉，为避暑之胜，故有"宜"之谓。一阳一阴，偏因"千里镜"相遇而碰撞交汇融合，孕育出新的关系和生活。千里姻缘一镜牵，夏"宜"楼化成了宜"夏"楼。千里镜就是千里"媒"！"传媒与工具和机器不同，工具和机器是我们用来提升劳动效率的器具，而技术的传媒却是一种我们用来生产人工世界的装置，它开启了我们的新的经验和实践的方式，而没有这个装置，这个世界对我们来说是不可通达的。"② 千里镜是如此，贵州的中国"天眼"——FAST 望远镜也是如此，无人不知的报纸、广播、电视等，均因此而成其为"媒介"。

　　媒介以它特有的方式解蔽现实并将之带到我们面前，这是一种中介了的现实。"想独上高楼读一遍《罗马

---

①　德布雷.媒介学引论[M].刘文玲,译.北京:中国传媒大学出版社,2014:73.

②　克莱默尔.传媒、计算机和实在性之间有何关系？[M]//克莱默尔.传媒、计算机、实在性——真实性表象和新传媒.孙和平,译.北京:中国社会科学出版社,2008:7-8.

衰亡史》,忽有罗马灭亡星出现在报上"(卞之琳,《距离的组织》),从而导致场景重新组合和分化交叉,引入一种并不依赖于固定地点的新场景,新的角色行为模式就在新的社会场景中诞生。① 媒介抵达之处,既是世界所在之"界",同时也是"新世界"敞开之时。"计算机界所说的实时、媒体界所说的'现场'等效应都深刻地——同时也可能在根本上——改变了事件化的原义,改变了时间和空间的存在"②,由此也就改变了人的存在。人体在感知比率变化中既延伸又自我截除,在一伸一缩中调适与外界的关系尺度。③ "媒介就是认识论","任何认识论都是某个媒介发展阶段的认识论"④。所谓"媒介环境",所谓"媒介环境学",或者梅罗维茨认定的"新场景",应该是在这样的意义上来理解的。这是超越了自然、社会和人,同时又使之重新联结并组合的第三种环境。⑤ 夏宜楼的故事,已经让我们充分领略到这一点。自从"千里镜"登堂入室,它的内外格局和关系结构就已千疮百孔,不再是原

---

① 梅罗维茨.消失的地域:电子媒介对媒介行为的影响[M].肖志军,译.北京:清华大学出版社,2002.
② 斯蒂格勒.技术与时间:爱比米修斯的过失[M].裴程,译.南京:译林出版社,2012:18.
③ 麦克卢汉.理解媒介——论人的延伸[M].何道宽,译.北京:商务印书馆,2000.
④ 波兹曼.娱乐至死[M].章艳,译.桂林:广西师范大学出版社,2004:30.
⑤ 斯蒂格勒.技术与时间:爱比米修斯的过失[M].裴程,译.南京:译林出版社,2012:90.

来的夏宜楼，哪怕看上去景色依旧。新婚之夜的詹小姐，面对瞿生的全盘托出，不能不信又不愿完全接受。所谓的"不要十分说假了"，实则是不能十分说假罢了。幻想的破灭，也就是现实的毁灭。顺着既有真真假假（真实与虚拟）的逻辑，是唯一的出路。这正说明夏宜楼回不到从前也不可能再回到从前。"千里镜"被奉为"法宝"，"做了家堂香火"，活生生地演绎了"媒介道说"中的"道成肉身"。此后的夏宜楼不能不在"法宝"的不时礼拜中存在，并讲述其以往和未来。或许在库尔德利看来，这不过是人通过媒介做什么或是在做什么与媒介相关的事，①然而，人的此种"做"必是与媒介的设定及其刺激、推动断不开的。"通过媒介做什么"和"做什么与媒介相关的事"，首要的必是与"什么媒介"有关。看报纸和看电视就不是一回事，否则戴扬和卡茨也就用不着专拿电视来演说"媒介事件"②。媒介"并不简单地传递信息，它发展了一种作用力，这种作用力决定了我们的思维、感知、经验、记忆和交往的模式"③。

---

① 库尔德利.媒介、社会与世界[M].何道宽，译.上海：复旦大学出版社，2014：41.
② 戴扬，卡茨.媒介事件[M].麻争旗，译.北京：北京广播学院出版社，2000.
③ 克莱默尔.传媒、计算机和实在性之间有何关系？[M]//克莱默尔.传媒、计算机、实在性——真实性表象和新传媒.孙和平，译.北京：中国社会科学出版社，2008：5.

　　“媒介的魔力在人们接触媒介的瞬间就会产生”①，这“魔力”即是媒介作为一种“装置将诸要素聚集在一起的某种生成”，是诸要素“安排、组织、装配在一起的”创生过程。② 媒介不仅仅只是“处于中间位置的”，它对通过中间项的两者起作用。它要在不可逆转的过程中创造出一个模型，超越所有的企图。③ 瞿生的隔空远扫，媒人的巧舌如簧，口信和诗文的情意脉脉，詹小姐的懵懂好奇，夏宜楼的特定空间，詹父的势利专横，詹家在朝为官的儿子，其他的求婚者，等等，一干人事全因“千里镜”的介入而现形，环连成网，各自激发，“每一种元素都有助于界定其他元素，每一种元素都为信息在系统中流动做出贡献”④，构成了特殊的传播事件——这段奇异之婚姻并重构了夏宜楼。“生成”不是融合、不是共存，而是一种转化，各自在媒—介中成其所是，形成一种全新的生态。媒介也在这种“活生生的力量漩涡”⑤中，敞开和绽放自身。李渔的“夏宜楼”实就是“千里镜”化的世界。试想，若不是“千里镜”而是电话（据研究，19 世纪晚期美国电话使用的增加，

---

① 麦克卢汉.理解媒介——论人的延伸[M].何道宽,译.北京:商务印书馆,2000:42.
② 德勒兹.关键概念:第 2 版[M].田延,译.重庆:重庆大学出版社,2018:91.
③ 德布雷.媒介学引论[M].刘文玲,译.北京:中国传媒大学出版社,2014:125.
④ 海勒.我们何以成为后人类:文学、信息科学和控制论中的虚拟身体[M].刘宇清,译.北京:北京大学出版社,2017:34.
⑤ 麦克卢汉.麦克卢汉序言[M]//哈罗德·伊尼斯.帝国与传播.何道宽,译.北京:中国人民大学出版社,2003.

由于交流和声音接触的便利,的确促进了情爱事情的发生①),其所引发的"魔力"就不同,至少天上掉不下这位瞿哥哥。夏宜楼的整个过程、所有关系及其情节戏码都得推倒重来。所以,媒介——就是媒—介的召唤和应答——就是媒介道说:"让我们通向那个由于与我们相关而伸向我们的东西","让我们进入与我们相关或传唤我们的东西"。媒介"就是在如此这般允诺着的道说中显示自身本质"②。本译丛定名为"媒介道说",就是得自如是的启示。

《约翰福音》的"太初有道",亦可称"太初有言"。故"道"即"道说"(logos),又译为"逻各斯",在西方文化思想中有着重要影响。称"logos"为"道说",就为表明前者作为一个语言符号自身的内在力量与功能。③ 据研究者,"logos"——道说,与老子的"道"类似,是话语,也是道理之理或道本身,④由此与中国文化和思维方式有了几分亲近。海德格尔把"道说"视为语言本质,是语言的语言。"道说"是把作为语言的语言带向语言,使人通达语言之大道。"道说"即语言本质显身,人们是"在说话(作为顺

---

① MARVIN, C. When old technologies were new [M]. NY: Oxford University Press,1988.
② 海德格尔.在通向语言的途中[M].孙周兴,译.北京:商务印书馆,2005:190、255.
③ 芮欣.道说:从逻各斯到倾空[M].北京:北京大学出版社,2013:11.
④ 陈嘉映.海德格尔哲学概论[M].北京:生活·读书·新知三联书店,1995:298.

从语言的听)中","跟随被听的道说来道说"的,所以是"语言说话"①。

如果把海德格尔的"道说"与人的存在关系之特殊意义(语言是存在之区域,存在之圣殿,存在之家②,所以技术就成为"座架")暂且放在一边,仅从他开启语言"本源"或"本质"的"道说"之思,或者以"道说"作为"道理之理",亦即"作为一个语言符号自身的内在力量与功能"之意,译丛名为"媒介道说",就是想破解传播学中将媒介仅仅视为器具、工具的固有思维。"器具是被有用性和需用性规定了的,所以,器具就把它由之据以形成的质料纳入了自己的有用性中"③,最终留下的是用处、是效应,媒介却消失不见。由此我们希望读者从一个新的、立足媒介自身内在力量的——海德格尔所提示的"一件东西从何而来,通过什么它成为一件东西,这件东西是什么,它如何是"④这一存在"本源"亦即"道说"的角度出发,来阅读这套译丛。有新视角,才会发见新亮光。读书是如此,研究亦是如此。

---

① 海德格尔.在通向语言的途中[M].孙周兴,译.北京:商务印书馆,2005:239、254.
② 海德格尔.诗人何为? [M]//孙周兴.海德格尔存在哲学.北京:九州出版社,2004:152-216.
③ 海德格尔.艺术作品的本源[M]//熊伟.存在主义哲学资料选辑.北京:商务印书馆,1997:428.
④ 海德格尔.艺术作品的本源[M]//熊伟.存在主义哲学资料选辑.北京:商务印书馆,1997:402.

　　"媒介道说"并不主张什么媒介中心主义,也不赞成把人视为中心,此二者本就同根孪生一体两面彼此强化,尽管看上去像是针尖对麦芒。此种非此即彼,注定听不到媒介道说之"大音"。如果一定说有中心,"媒介道说"的中心就是人与媒介的共存以及相互介入和运作这一根本,并由此切近媒介并道说媒介。基特勒将人类传播媒介历史切割为两段:文字媒介阶段和技术媒介阶段。前者以语言编码为基础,后者则完全按照现代数学编码公式而运作。① 目今所谓的"后人类",所谓的"虚拟真实",不正源自数字编码媒介的变迁吗? 媒介关乎人的习性、生活方式和自我构成,并与人共时并进。"不同的文明依赖的传播媒介各有不同。"②媒介造就人,一代媒介自成一代人。英尼斯的《传播的偏向》、波斯特的《信息方式》、卡斯特的《网络社会的崛起》等,都已经从不同层面为我们做了见证。据调查,虚拟现实技术已经影响了目前人们对于现实生活的看法,有人曾在问卷中直截了当地回答:"现实并不是我最好的窗口。"③以此看,美国芝加哥学派早期代表人物库利是颇有见地的。他认为,人类的本性来自两条生命传递线:一是生物种性;一是语言、交流和教育。只可惜他始终抱定这是两条"明显分开的河道",

---

① 基特勒.传播媒介史绪论[J].文化研究,2013(13):235-254.
② 伊尼斯.帝国与传播[M].何道宽,译.北京:中国人民大学出版社,2003:8.
③ 海勒.我们何以成为后人类:文学、信息科学和控制论中的虚拟身体[M].刘宇清,译.北京:北京大学出版社,2017:36.

也就找不到其交汇之处，最终落在了生物有机体对社会的适应上①也是不得不然。

　　既属"人类本性"，人与媒介的相接相嵌就非后天强加，而是与生俱来。人，按照盖伦的说法，天生就不是自足的生物，只能依赖于预先构成的自然条件。因此，技术成为人类自身本质的最重要的部分，正像人本身一样形成了一种人造的性质。②用斯蒂格勒的表述，人因"原始性的缺陷"，故必以技术的弥补而诞生和存在：技术就是人的代具。代具并非人体的简单延伸，它构成"人类"的身体；代具也不是人的一种"手段"或"方法"，而是人的目的。人是以技术的"外移的过程"，运用生命以外的方式来寻求生命的。人与物（工具）的共时共生，标志着在有机体和它的环境之间出现了一种新型的关系，一种新的物质类型：即一种有机体（有机化的个人）同环境（一般意义上的、有机的和无机的物质）的关系，是由一种有机化而又无机的物质为中介来实现，而且二者互为激发：当"什么"在被"谁"发明的同时，也发明了"谁"。③这同样是唐•伊德所坚持的。他以为，人从伊甸园下到尘世，就是

---

① 库利.人类本性与社会秩序[M].包凡一，王源，译.北京：华夏出版社，1999：5.

② 盖伦.技术时代的人类心灵：工业社会的社会心理问题[M].何兆武，何冰，译.上海：上海世纪出版集团，2008：4.

③ 斯蒂格勒.技术与时间：爱比米修斯的过失[M].裴程，译.南京：译林出版社，2012：19、126、166、20、193.

和技术相伴相行。"对于人类来说，没有技术的生存只是一种抽象的可能性"，除非是被圈在一个"孤立的、被保护的和牢固的乐园"里。"文化—技术的生活形式"，也就因此"限定了所有经验性的人类社会"。①

这样的视野，就是我们透视媒介和人之间关系的基础。依斯蒂格勒的"技术史同时也就是人类史"②的说法，我们也可以毫不迟疑地说，媒介史同时也是人类史，"媒介学的起源应该是人类学"③。勒鲁瓦-古兰说："人类群体在自然中的行为就像是一个生命肌体，……它通过一层物体（工具、器械）的中介来适应自己的环境。人类用斧头砍伐，用箭、刀、锅、匙来取食肉类。人类就在这样一种中间层之中取食、自我保护、休息和行动。"④中间层即为媒介。仿照卡西尔的说法，这就是由"劳作"（work）划出和规定的"人性圆圈"。⑤ 媒介道说就是顺着这样的通达让我们来倾听的。

"媒介道说"译丛，集中展现了不同学科各位名家大师的媒介论述和思想。首先，多学科的思想源流和横岭

① 伊德.技术与生活世界[M].韩连庆,译.北京:北京大学出版社,2012:14、20.
② 斯蒂格勒.技术与时间:爱比米修斯的过失[M].裴程,译. 南京:译林出版社,2012:147.
③ 德布雷.媒介学引论[M].刘文玲,译.北京:中国传媒大学出版社,2014:15.
④ 斯蒂格勒.技术与时间:爱比米修斯的过失[M].裴程,译. 南京:译林出版社,2012:164.
⑤ 卡西尔.人论[M].甘阳,译.上海:上海译文出版社,1985:87.

侧峰的不同入角,大大越出了原有传播学中媒介理论之一脉,将会为我们重新理解媒介,尤其是在今天这样的数字移动背景下审视媒介,提供重要的思想资源。这是我们主持出版该套丛书的初衷之一。其次,几年前我们就提出,应将"媒介"确定为传播学研究的重要入射角,这不仅是为了纠正传播研究重内容、重效果而忽视媒介的偏向,更重要的是,我们认为从"媒介"入手最能抓住传播研究的根本,显示其独有的光彩。近些年我们在这方面的探索也证明了这一点,并已经初步形成了特色,得到全国同道的关注和呼应。其结果是大大地扩展了人们对于传播的理解,开辟了新的研究议题,重组了研究的领域,使传播研究的面貌和气质得到了一定程度的改变。因此,选择这样一套译丛,既是我们研究设想使之然,同时也希望借此为进一步推动这方面的研究添柴加火。最后,也是最重要的一点,即译丛的多学科特色,恰恰表明了"媒介"的极端重要性,它关涉人类社会的各个方面(当今数字技术的运用和影响就说明了一切),因而也是所有学科关注的焦点。因此,这套译丛可以成为一个四通八达的媒介,它将伸入各个学科,汇聚八方来客,共同思考,共同道说,"嘈嘈切切错杂弹",携手创建中国传播研究的新蓝图。

自然,收入本套译丛的每本书,都是研究者对某一位学术名家媒介论说的梳理,属于"道说之道说"。这些"道说"及"道说"者拥有不同的学科和知识背景,其切入角度不同,问题指向不一,论述逻辑各异,基于不同的价值立场和媒介经验,就其内容而言,可以起到方便接引的作用,作为研究的初步向导,激发读者深入探索的兴趣。它既不能代替原著的阅读,更不是模仿照搬,"泥洋不化",好比夏宜楼里的"千里镜",做了个现成供奉的"宝物"。相反,我们要立足中国的媒介实践、传播经验和现实问题,从"媒介道说"中批判性地吸取养料,大胆想象,深耕细作,不懈努力,形成并发出中国学者之"媒介道说",并由此与世界对话。这,是我们的期待,也是每一位媒介学者应有的承当。

"哲学最终可能只不过是媒介理论而已"[①],对这个大胆的预测,我没有能力评判。不过由此倒让我想起海德格尔喜欢征用的两句诗:"词语破碎处,无物可存在。"现就将之稍作改动,以鹦鹉学舌结束这篇不算短的文字:

媒介破碎处,无物可存在。

媒介道说。

① 哈曼.铃与哨:更思辨的实在论[M].黄芙蓉,译.重庆:西南师范大学出版社,2018:219.

中译本序

　　我们撰写《海德格尔论媒介》这本书的初衷是回应一个开放的但却在很大程度上被人们忽略了的契机。这个契机产生于两条具有深远影响的智识路径的交点上：其中一条路径是海德格尔哲学，另一条路径则是媒介研究这个相对较新的学科。从表面上看，这两条路径似乎没有什么共通点，或者根本不可能产生什么关联。海德格尔不是所谓的媒介哲学家，也称不上是深谙媒介的知识分子。在媒介研究领域，一些颇有影响力的理论家发挥着支柱作用；只不过，这些理论家绝大多数都不是来自传播学、社会学、心理学等社会科学领域。尽管如此，某种奇妙的吸引力使这两个截然不同的领域的交叉逐渐成了必然。

　　一方面，媒介研究者（特别是英语世界的研究者）开始拿海德格尔的思想调侃。一个为人们熟知且富含深义的例子来自马歇尔·麦克卢汉（Marshall McLuhan）：这位加拿大媒介理论家，《连

线》(*Wired*)杂志曾经的"守护神"①,在他 1962 年的著作
《古登堡星汉璀璨》(*The Gutenberg Galaxy*)中声称:"海
德格尔在电子时代乘风破浪,正如笛卡尔在机械时代直
挂云帆。"(McLuhan,1962:248)另一方面,海德格尔的探
索在某种程度上也确实延伸到了传播媒介和技术领域。
例如,海德格尔在 1976 年接受《明镜》周刊(*Der Spiegel*)
采访时,谈到了关于"哲学的终结"和思想之未来的问题:

> **《明镜》**:那么现在什么东西取代了哲学的
> 位置呢?
> **海德格尔**:控制论。

尽管事实如此,尽管媒介研究者经常提及海德格尔
的名字和他的哲学遗产,而通信和控制领域的科技同海
德格尔的哲学思想也确实相通并将其哲学思想推向了巅
峰,但是人们很少或并未直接审识这种高度契合性所带
来的机遇和挑战。我们构思、酝酿并撰写《海德格尔论媒
介》这本书的目的,正是回应这种需要。

然而,实际工作比我们二人设想的要多得多。正如
我们在英文版前言中所说的那样,我们天真地认为写这
本书无非就是把海德格尔的思想与媒介这两种东西联系
起来,因为我们觉得,这样做就能够让材料不言自明了
[用海德格尔哲学思想中的关键术语来说,这是一种
"让—存在(Gelassenheit)"]。不过,我们想错了。在海德

---

① 译者注:关于麦克卢汉与所谓的"守护神"之间的关系,请参阅本书
第二章。

格尔与媒介研究之间建立联系本身就是一种哲学实践，它不但改变了我们对海德格尔的看法，也改变了我们对媒介的看法。对此，斯拉沃热·齐泽克（Slavoj Žižek）在本书英文版的封底推介语中极富洞察力地写道，这本书"会使海德格尔研究和媒介研究都发生改变"。当我们着手撰写本书时，并没有意识到这句话将会是多么正确——但是，我们本来是应该对此有所知的，因为符号/迹象（signs）已经显现了。

在这些符号/迹象中，最明显且十分突兀的便是这些符号本身的问题了，而当符号本身与翻译的问题交织在一起时，问题就更明显了——只有当文本现在被译为中文时，这个问题才被放大、加剧。从一开始，我们就强烈地意识到了翻译问题并对此多加关注。翻译实务方面的问题可以分为以下几个层面：第一，人们有必要以海德格尔的德文原文为基础发展出一套在语内翻译的方法。[①]海德格尔使用词语的方式是独特的、离经叛道的，即便是用母语理解德文原著本身也并非易事。海德格尔为人所熟知（或者说，广受人们批评）的一点就是创造性地使用日常词语以达到特殊的目的；或者说，他能够把德文中那些完全正常的表达方式转化成为他服务的、高度专业化的哲学术语——"**此在**（Dasein）"和"**持存物**（Bestand）"便是这些词语中的典型。

第二，把一种语言中的艰涩术语转换成另一种语言

---

① 译者注：作者想表达的意思是，海德格尔会赋予一些普通词语特殊含义，因此，辨识出这些词语并把它们转化成便于理解的普通表述，也可以被看成是德文内部的"翻译"工作。

中的表述(例如,把德文术语转换成英文或中文)亦是一个问题。翻译海德格尔著作本身就是一项哲学事业——这一点不仅可以被数代翻译者所证实,也能从不同的翻译版本中体现出来。这是因为,当人们翻译海德格尔的德文文本时,不可避免地会触及目标语言的界限。于是,典型的情况就是,翻译者需要创造一些奇怪而别扭的话语,比如,"集置(enframing)意指一种聚集的力量,它逼迫人,让人以订造的方式为现实之物去蔽,将其变为持存物(Enframing means the gathering together of that setting-upon which sets upon man, i.e., challenges him forth to reveal the real, in the mode of ordering, as standing-reserve)",这段文本出自《技术的追问》(The Question Concerning Technology)一文的威廉·洛维特(William Lovitt)译本。还有一种可能是,译文不可避免地会让一些词语保持原样,而没有把它们译出来,其结果就是产生了某种奇怪且同样难以阅读和理解的多语言混搭。比如,"我们每个人自身所是的那个存在者,那个将追问当成自身存在之可能性的存在者,被我们称为'此在'(This entity which each of us is himself and which includes inquiring as one of the possibilities of it Being, we shall denote by the term 'Dasein')",这段文本出自《存在与时间》的麦夸里(Macquarrie)和罗宾逊(Robinson)英文译本。

第三,当把海德格尔的哲学话语应用到哲学领域之外,如大众媒体或媒介研究领域时,上述语言问题就变得更加复杂了。理解海德格尔的文本并对其进行翻译的确本来就是海德格尔研究的必要组成部分（不过我们要注意，海德格尔的追随者看来不会用"海德格尔研究"这样的指称，他们更喜欢用更加严肃、更加排外的"海德格尔圈子"这个词）。媒介研究不同于海德格尔哲学：欧洲思想史始于前苏格拉底时期，而海德格尔的哲学就扎根于这一深厚的历史根基之中；媒介研究可以算是一个新事物，还得借用其他不同领域的词汇——不论这样做是好是坏。因此，要想让海德格尔哲学与涉及电影、电视和数字技术的技巧性和技术性问题对话，人们就必须设计出一套翻译准则，或者说，一套被网络开发者称为应用程序接口（API, application program interface）的东西——这种东西作为一种完全透明的中介物能够让一端与另一端相连。不过，这两个领域都是自我封闭的、专业化的（过去是这样，现在依然是这样），这就使得让两个领域对接的工作变得更加复杂了。海德格尔（以及他的翻译者）使用的那些神秘的术语，守护并掩藏着他在哲学上的独特创新，使他那些具有潜在影响力的洞见要么本身就难以理解要么消失在翻译中。同理，媒介研究也有它自己的词汇，有趣的是，这些词汇由来自文学研究、信息理论和计算机科学的词语和概念混合发展而来。

最后，上述三个涉及翻译的问题（当然，也可被视为三个契机）——要么是单一的语言内部的问题，要么是跨语言的问题，要么是不同概念场之间的问题——现在都要跟中文产生关联了。而且我们也应该注意到，这种关联有其自身的意义。如果正如海德格尔所言，语言是"存在的家园"，那么中文文本——鉴于世界上说中文的人如此之多且这门语言有着如此深厚的历史——也许能够使我们超越存在之基地,从而使海德格尔研究能够登高远眺,享受更宽广的视野。

问题在于,在我们将文本交付翻译之时,以上这些与翻译相关的问题会再次成为我们反思的对象和落脚点。事实上,这些问题无疑在向我们揭示和表明翻译《海德格尔论媒介》时遇到的问题,恰恰就是这本书本身关注的问题。从表面上看,翻译工作中的问题的确是一种无限递归的问题,但人们恰恰需要在这一过程中理解并辨明中介物的意义,因为正是这种处于两个领域之间的东西发挥着时常未被言明且基本上无法为肉眼所见的中介作用。典型的情况是,人们会将一个译本(比如《海德格尔论媒介》的中文译本)当成一个本身在某种程度上保持透明的工具(或者,更准确地说,人们认为它应该是这样一种工具)。在人们看来,这个工具可以准确地传达原书中的讯息,把原书用一种语言(在此是英语)写就的内容转化成另一种语言(在此是汉语)的内容——此处的"转化(carry over)"一词传达的含义无非就是 trans-late 的字面意思。①

《海德格尔论媒介》一书所要做的,就是要把以上这种标准操作流程当成靶子,对其进行解构。事实上,以一种具有海德格尔特色的反转式表述来讲,《海德格尔论媒介》的翻译问题恰好就是《海德格尔论媒介》本身关注的

---

① 译者注:作者想表达的词源学方面的意思是,translate 中的 trans 意指跨越,late 意指放置,而"转化(carry over)"的实际意思就是"跨越-放置"。

问题。本书的内容是围绕海德格尔哲学中的四个主题或概念——物、真理、言谈、技术——组织起来的。这四个概念贯穿于海德格尔的研究生涯并且出现在他的大量文本和出版物中。本书以批判的方式打开了对这些概念进行探讨的空间，以便重新评估包括语言和互联网在内的各种被人类用于传播的手段和工具。我们还探讨了"中介化（mediation）"这个出现在柏拉图、埃德蒙德·胡塞尔（Edmund Husserl）及后人的思想中，贯穿整个西方哲学史的概念；各种各样的中介物，从人类翻译者到机械技术，再到数字技术，亦是本书讨论的议题。

然而，在我们撰写本书的过程中，被用来展开探讨的语言本身不可避免地成了某种障碍，成了某种突兀的东西。用带有海德格尔特色的术语来讲，文本若要表达出什么东西，就必须使用语言这种典型的"上手之物"（英文 ready-to-hand，德文 Zuhandenheit），但在表述过程中，语言逐渐成了陌生且显著的"在手之物"（英文 present-at-hand，德文 Vorhandenheit）。这不仅是因为有些外来词语（即那些来自希腊文、拉丁文、德文和英文的词语）要被原封不动地使用，也是因为，在我们试图阐明传播媒介所面临的根本挑战时，传播工具将被推至它们自身的极限。我们非常清醒地意识到，我们在探讨过程中使用的表述策略无益于减轻读者的负担。然而，以此方式展开探讨却是必要且不可避免的。使用海德格尔这种经常被指摘的"蒙昧主义"的语言既不是出于偶然，也不是因为我们为了赶时髦而故作矫情。实际上，我们是有意使用这种表述方式的。我们之所以这样做是因为，这种表述方式是与我们要分析的主题相适应、相协调的，而我们要分析的主题正是"此在之在此"的状态，是此在之根本的技术—本体论情境——或者。如果我们确实想用海德格尔的方式来为海德格尔思想中的这一主题命名的话，可以将其称为**此在**（Dasign）。

译者序

你还相信所谓的"技术中性论"吗？真相也许是，媒介技术这头巨兽装出一副天真无邪、任你摆布的样子，但其实它却在影响你、伤害你、吞噬你……

那么，你手里的手机，真的"在你手里"吗？

你的手指在手机上划动，为的是看到下面的文字。我们每天都在重复这个动作，这个动作再天经地义不过了，只有不给力的网速才会打断它。一个刚刚穿越到现在的古希腊人恐怕完全不知道，你在手中的一块小板子上划来划去到底是在干什么。当你嘲笑他的无知时，他也在嘲笑你。

好吧，到底是希腊人可笑，还是我们可笑，让我们试着在海德格尔的思想里寻找答案。

媒介和传播研究者为什么要关注海德格尔的思想？可能的答案有两个：第一，让我们想象一种最宽泛的说法吧：海德格尔的思想虽然产生于20世纪，但是它极其深刻，迄今仍然能够给我们启发，能帮助我们解释层出不穷的传播技术和传播现象（例如，微信的出现、真人秀节目在中国的火爆等）。第二，海德格尔的思想不仅有助于媒介和传播研究,而且还对实践有所助益。它揭示了受众的体验,有助于我们优化传播内容和形式。

是这样吗?不好意思,不是^_^!海德格尔一定会拒斥以上两种答案,或者说,如果你抱着以上两种目的来看《海德格尔论媒介》的话,你也许会发现自己成了一个被批判者。

那么,第一个答案为什么不对呢?因为海德格尔明确指出,当他对技术进行追问时,他关注的不是某项具体的技术,而是技术的本质;关注具体的技术是正确的,但是,正确的东西并不一定就是真理。

可是,所谓真理,不就是指正确的东西吗?说正确性不等于真理,这是什么鬼话?!是的,海德格尔的著作以及本书所要完成的任务之一,就是解释上述反直觉的观点。与此类似,传播学研究者执着地分析具体的传播技术或工具的做法也没有错,但他们却可能忽略了对媒介的本质或传播的本质的研究。

那第二个答案为什么也不合适呢?按照海德格尔的说法,技术时代的特点就是一定要从各种东西中压榨出一点儿实际用处来,一切都是手段,都是工具。因此人们当然要想,研究海德格尔对于我的实际工作到底有什么用呢?假如我是记者,那我研究海德格尔有什么具体的用处吗?我是节目编导,用海德格尔的思想指导我的工作能提高收视率吗?在海德格尔看来,如果你从实用性的角度来看待问题,那么你就掉进了技术时代人类心灵的陷阱。

看到这里,读者也许已经感觉到海德格尔要做什么了。没错,他要批判技术!他从生存哲学的角度展开技术之思,对他同时代的和后来的思想家产生了巨大影响。今天的技术批判、媒介批判以及文化批判的思想中,或多或少地渗透着他的思想。而本书所要做的正是以媒介为核心对海德格尔及其他相关思想家的思想进行介绍。

我们必须强调的是,海德格尔绝不是一个反对高科技的人。我们可以设想:如果海德格尔活在当代,他会成为网红吗?他愿意成为网红吗?答案是肯定的。我们完全可以想象海德格尔在B站、在抖音上讲他的生存哲学,讲他的林中路和小木屋,讲他又爱又恨的媒介技术。海德格尔已经说得很明白:你批判什么东西,不等于要逃避它。恰恰相反,你要直面它,拥抱它。在海德格尔看来,他自己就是这样一个直面技术之逼迫的人,他真的很想用已经把世界变成一个图像的互联网工具来批判世界图像。

好吧,看来海德格尔并不是真的反对技术进步;即使他活到现在,他也不会天真地无视媒介的发展为人们的生活带来的巨大好处,更不会幻想回到一个所谓本真的、没有媒介的田园时代。

不过,还是那个问题:搞传播学的人研究海德格尔有什么用?

海德格尔思想的价值在于:它能够让人保持一种反思的态度。反思什么呢?反思那种在表达之余总是让你觉得一言难尽的东西。现在用来表达未尽之言的诸多工具之一就是颜文字。上文也用了一个颜文字,我在"不好意思,不是"的后面加了一个"ˆ_ˆ"。我为什么这样做呢?

因为我觉得,当读者看到自己预设的正确答案被否定后,会感到懊恼,为了缓解这种情绪,笔者就加了一个笑脸的颜文字。正是这个颜文字,表达了我想表达但又难以表达的东西。但问题在于,笔者即使用了这个颜文字,也并不知道它是否管用,是否传达了自己想传达的意思。

这种对现象背后的东西的质询态度及其可能引发的行动,正是海德格尔的思想能够带给我们的转变。比如,一个受海德格尔影响的真人秀节目编导可能会反思:既有的内容编排和报道方法好吗?这种为了呈现真相而把各种所谓现实的、客观的细节融入节目内容中的做法,是否会反而遮蔽真相?那个真正的真相,也就是那些躲在各种细节背后的东西,到底是什么?我该怎样改变我的节目,从而把这些东西呈现出来?现在的真人秀节目还会把幕后过程(比如,选手化妆、排练和吃饭的画面)放到节目中,以增强真实感,但这会不会只是一种虚幻的真实感呢?

也许,真实感本身就是一种幻觉;也许,当我们走到幕后时,会发现幕后什么都没有。

现在到了揭示真相的时刻了——我们要介绍一下《海德格尔论媒介》的主要观点。可是,我难道不应该在本篇译序的开头就介绍这本书的主要内容吗?我为什么要把这项重要工作放到最后?这是因为我认识到,**真相会掩盖真相**!是的,不仅假相会掩盖真相,我们以为是真相的东西也会掩盖真相。因此,为了防止读者在一开始看到书的主要内容后对海德格尔产生严重误解,我就得先铺垫一番,以便澄清上述问题——正像海德格尔在《技术的追问》一文中所做的那样。

本书的主要观点如下：

- **媒介即工具。**工具就是我们在操劳之时为了达到某个目的而使用的东西。好的工具一方面能够让我们顺利实现目的，另一方面它自己最好也是不起眼的、不突兀的，以便带给我们流畅的使用体验。从更广的层面讲，认知当然也是一种行动，而我们当下对各种东西的认知都要借助作为工具的媒介：知晓新闻需要媒介，获取娱乐资讯需要媒介，而在学习意义上的认知也需要媒介（比如，很多人现在在朋友圈里打卡背单词）。媒介技术的发展使这些东西越来越容易上手（比如，网速的提升使我们不必再为刷出一个动图等待很长时间），而媒介技术对我们的深刻影响更可能在我们不知不觉之时产生。有鉴于此，我们要像海德格尔分析工具一样来分析媒介技术。

- **中介即遮蔽。**我们对事物的认识总要借助于某种中介，而中介必然在揭示一些东西的同时遮蔽一些东西。在我们的时代，对认知来讲最重要的中介无疑就是各种媒介技术/工具/形式了：互联网、手机应用、虚拟现实、真人秀、网络直播等。当媒体中的大量真实、客观之物涌入我们的视线之时，我们有必要思考它们有意或无意地遮蔽了什么，思考真相到底是什么。但问题在于，遮蔽必然与去蔽相伴，不要以为我们能够一劳永逸地得到真相——我们总是已经得到了真相，又总是已经失去了真相。

● **海德格尔式的技术决定论。**既然我们与被通达之物之间的关联总是被媒介所中介，既然媒介总是有所去蔽、有所遮蔽，那么，我们所见的现实就是媒介呈现给我们的现实。**"媒介之外别无他物。"**

以上就是本书的主要内容。当然，这篇译序也是一个媒介，也会在去蔽的同时进行遮蔽。那么，它所揭示的，是本书的真正内容吗？或者说，它在揭示的时候可能又掩藏了什么？接下来，轮到读者亲自阅读本书并做出判断了。

吴　江
2019 年 10 月

前　言

　　我是哲学家，不是科学家；我们哲学家更善于提　　VI
出问题，而不是回答问题。尽管从表面上看，我这
样说是在侮辱我自己和我的学科，但其实并非如
此。找到更好的问题去问，并且打破旧的提问习惯
与传统，是理解我们自己以及我们的世界这个宏大
的人类计划中非常困难的一个部分。

（Dennett，1996：vii）

　　与经验科学或其他研究活动不同，哲学并不一
定要给问题找到答案。正如美国哲学家丹尼尔·
丹尼特一样，海德格尔也不关心如何为既有问题或
争论找到答案，而是致力于重新审视所有那些通常
以某种非批判的方式被提出来的问题。海德格尔
强调，大多数人并未意识到自己使用的是一种典型
的传统追问方式，这种追问方式预先决定了什么东
西能成为问题，什么东西能被视为合适的证据，以　　VII
及什么将成为追问的可能结果。
　　不可否认，海德格尔的上述特点使得阅读他的
著作成了一件具有挑战性的甚至是令人沮丧的事；
从某种程度上讲，当代读者并没有对此做好准备。

我们生活在一个通常要求问题能够被迅速解答的时代，而且，在回应一个问题时提出另一个问题并不被认为是好的做法。然而，这正是海德格尔所要做的，并且，在我们看来，这种做法代表的是一种本真的哲学探索。我们迫切需要的就是这种追问方式，而这种追问方式却在不断地被自成一体的所谓"社会科学"吞噬掉——后者总是用对方法论的痴迷来掩盖真知灼见之匮乏。

虽说我们要确保这一哲学任务不偏离批判性追问，但是一个问题马上出现了，这个问题涉及海德格尔与纳粹之间不光彩的关联。按照米格尔·德·贝斯特吉（Miguel de Beistegui）的说法，"海德格尔对国家社会主义的效忠，以及他在 1933 年 5 月至 1934 年 4 月担任弗莱堡大学首个亲纳粹校长的经历，是他的生平和著作中最具争议的部分"（2005：155）。尽管海德格尔只在校长的位子上待了 12 个月，但是他的党员身份却一直被保留到了战争结束。1949 年 3 月，参与战后去纳粹化进程的国家政治净化委员会（State Commission for Political Purification）还将他认定为"纳粹追随者（*Nazi Mitläufer*）"或"同路人（fellow traveller）"。在接受德国《明镜》周刊采访时，海德格尔对这段艰难时期给出了他自己的解释；访谈内容于 1976 年海德格尔去世后发表（这是他当时接受采访时提出的条件）。尽管，海德格尔有他自己的苦衷，但大多数学者还是认为他的公开辩解缺乏诚意，执迷不悟——他的这些辩解并没有回答什么问题，反倒引发了更多质疑。其中一个问题现在仍有待回答，那就是，海德格尔的著作中还有哪些能够或应该被

人们回收利用的东西？——如果这样的东西还存在
的话。

　　基于两个核心观点，我们相信海德格尔的思想仍是　*VIII*
有价值的：

　　　　1. 海德格尔哲学对很多无可置疑的非纳粹
　　思想家和积极反对纳粹的思想家产生了深远的
　　影响，包括汉娜·阿伦特（Hannah Arendt）、赫
　　伯特·马尔库塞（Herbert Marcuse）、让-保罗·
　　萨特（Jean-Paul Sartre）和雅克·德里达（Jacques
　　Derrida），因此，拒绝研究海德格尔哲学并不会
　　有什么好处。要想正确理解这些思想家以及其
　　他在历史上有重要影响的思想家，就必须要接
　　触海德格尔的作品——这与我们如何批评海德
　　格尔本人无关。

　　　　2. 海德格尔哲学中不存在"天生"就带有法
　　西斯主义性质的东西。事实上，本书所探讨的
　　海德格尔对技术的批判提到了技术在去人性化
　　方面所扮演的角色这一深刻议题，而纳粹的死
　　亡集中营则对技术所扮演的这种角色作了历史
　　上最为黑暗的呈现。在这种情况下，那些因海
　　德格尔的政治污点而对他进行一味谴责的做法
　　不仅是站不住脚的，而且还错失了更好地了解
　　技术在支持纳粹意识形态方面的作用的机会。

以上第一个理由与本书要探讨的媒介技术无关，但

是,第二个理由牵涉我们当代的媒介化①环境,继而与海德格尔关于**本质**概念的独特视角相关[亦为马歇尔·麦克卢汉的那句名言"媒介即讯息(the medium is the message)"埋下了伏笔]。在我们当代的媒介环境中,媒介内容的意义相对于媒介形式来说是浮浅的,但正是这些内容吸引了我们的注意力,使我们忽视了媒介根本的社会影响。②

事实上,这种浮浅性在海德格尔批评者的言论中极其明显,这些与大屠杀相关的言论被用来证明海德格尔应该被看成一个**不受欢迎**的知识分子。海德格尔在 1949 年做了一次名为《集置》(英文 Enframing,德文 *Das Gestell*)③的演讲,他描述了"现在的农业何以是机械化的食品工业,何以在本质上与毒气室和死亡集中营中的尸体生产相同,与对国家进行封锁或断绝其食品供应相同,与制造氢弹相同"(BFL:27)。对于海德格尔在此论及的这种等同性,戴维森(Davidson,1989:424)等人的批评是

IX

---

① 译者注:请注意,media 可译为"媒介"或"媒体",但 media 及其单数 medium 亦可译为"中介"或"介质"。了解海德格尔和黑格尔思想的读者可以看出更具哲学意味的"中介"与"媒介"和"介质"之间的显著不同。译者会根据需要和习惯采用不同的翻译方法。相应地,在翻译 mediate 和 mediation 时,译者将根据情况采用"媒介化""中介化"或"发挥中介作用"等译法。

② 译者注:对于麦克卢汉的这句名言,译者采用了已被普遍接受的译法"媒介即讯息"(该译法出自:麦克卢汉. 理解媒介:论人的延伸[M]. 何道宽,译. 南京:译林出版社,2011)。

③ 译者注:"集置"(在海德格尔著作的中译本中,译者有时会出于词源学上的需要将其写成"集-置")是海德格尔后期思想中的重要词汇,德文为 Gestell 或 Ge-Stell,在英语中一般译为 enframing 或 en-framing。

有代表性的。这些批评的声音指出："当人们接触到海德格尔 1949 年的言论时，不禁会为他在承认肉体与灵魂的日常命运时的无能——某种形而上学式的无能而感到惊讶；似乎以官僚化的方式选出一些人并把他们烧死的行为，无异于技术力量在组织食品工业的过程中强加于人性的威胁。"戴维森使用了"似乎……无异于"这种表述，可见，他没能从根本上领会海德格尔哲学的核心观点。戴维森只把关注点放在海德格尔的"与……相同"的表述上，这使他忽视了"与……相同"前边的"在本质上"所表达的关键的限定性。正是这个"本质"的概念，使得海德格尔的著作对技术，特别是媒介技术的社会影响给出了重要而深刻的洞察——让我们再次重申，人们对海德格尔这个人的态度有所保留，这一点当然是可以理解的，但这与他著作中的见解无关。

极其重要的是，我们要认识到海德格尔**并不是**说农业机械化和死亡集中营是等同的现象。相反，这里暗示的这种相似性指的是**本质**的相似性，并且正是这种提出概念的方式能够深刻影响我们理解媒介的方式。多样化的技术环境中的各个部分都共享一些**本质**特征，而媒介正是这个技术环境的一部分。海德格尔恰当地指出："相同并不是等同。① 相同并不是指同一种东西的无差异的

_____

① 译者注：原文为 the same is never the equivalent。海德格尔以不同于日常用法的方式区分了"相同（the same）"和"等同（equivalent）"，他是要说明，表面上看似不同的事物可能在他所谓的本质层面有共同点。具体而言，并不是说食品工业与死亡集中营是可以互换的、等价的、等同的（equivalent），而是说，两者尽管外在形式不同，但在深层次上是相同的（the same）。

X 聚合。相同更多地与差异化有关。"(BFL:49)海德格尔的这个解释听起来是自相矛盾的,他接下来的表述"技术的本质绝不是任何技术性的东西"(QCT:4)就显得更加自相矛盾了。然而,这些自相矛盾的表述却使以下事实突显了出来,即尽管技术制品有很多形式,但是这些不同形式有着深层次的相似性,它们都支持一种对存在的对象化态度。这种对于技术本质的洞察具有重要意义,其影响贯穿本书各章对媒介和媒介化过程的特别关注。

因此可以说,著名犹太裔思想家齐格蒙特·鲍曼(Zygmunt Bauman)和理查德·伯恩斯坦(Richard Bernstein)同海德格尔一样,也强调大屠杀独特的工业性本质所具有的更广泛、更可被泛化的意涵。以鲍曼直接呼应海德格尔话语的一段评论为例:

> 正像现代社会的其他事物一样,如果以这个社会宣扬的标准或制度化的标准来看,大屠杀无论在哪个方面都可以算是一项成就。它的水平远高于以往的种族灭绝事件,正像现代化工厂与传统手工业者的村舍作坊相比,或者,使用拖拉机、联合收割机和农药的现代工业化农场与使用马匹、锄头并进行人工除草的小农庄相比一样。(Bauman,1989:89)

与此相似,伯恩斯坦指出:"我们几乎无法想象,当一个人认为制造食品、炸弹和尸体'在本质上相同'且将这些行为视作'一般''正常'的情况下,这个人还有思考(或不思考)的能力。这也正是阿伦特认为自己在面对艾希曼(Eichmann)时所看到的心态。"(Bernstein,1996:170)。 *XI*
我们常犯的错误是认为这种心态仅存在于像艾希曼这种特殊人物的身上。然而,阿伦特的《艾希曼在耶路撒冷》(*Eichmann in Jerusalem*)中令人不安的观点就回响在其副标题中:"一份关于平庸的恶的报告(A Report on the Banality of Evil)。"任何出现在艾希曼身上的邪恶癖性与他所造成的伤害相比都微不足道;若不考虑这些伤害,他无非是一个专注于对整个种族进行去人类化工作的巨大技术系统中一个架着眼镜的、不起眼的工作人员。因此,尽管海德格尔的履历是可质疑的,但他对技术本质的本体论分析具有不可忽视的深远意涵。鉴于我们历史上曾发生的那些灾难,我们仍需直面这些意涵。

因此,尽管人们有各种理由质疑海德格尔本人,但是我们仍会被他的著作所吸引,因为这些著作很好地表明了这一事实,即:"哲学的任务不是提供答案或解决方案,而是对问题本身进行批判分析,以便使我们认识到,正是我们看待问题的方式成了寻找解决方案的阻碍。"(Žižek,2006a:137)因此,本书的目的并不是为读者提供简洁可用的(用海德格尔的术语来说,就是"上手的")框架,使其不假思索地用与当代媒介环境有关的内容来充实海德格尔的核心思想。如若本书确实提供了这样一个框架,那就会导致一个操作化层面的矛盾:对工具主义进行工具主义式的批评。其矛盾之处就在于,这种理论工具要从根本上追问这个工具自己的本性。我们提出的一个更为合理的目标是,鼓励读者更有力地质询对待媒介的传统方式,质询媒介以传统方式呈现的海德格尔。这一目标,无论多么有限,都尚能与海德格尔的箴言"追问是思想的虔诚"(QCT:35)保持一致。我们完全认同并将在本书中反复论及这一箴言。

致　谢

　　我们曾对自己说，这本书应该是容易写的。保罗[①]刚刚完成《齐泽克论媒介》(*Žižek and the Media*，2010)，因而熟悉这套丛书所需要的形式和口吻。戴维(David，2012)刚刚完成了《机械问题——关于人工智能、机器人和伦理的批判性视角》(*The Machine Question*：*Critical Perspectives on AI*，*Robots and Ethics*)。该书最重要的成果是创造了一种方法，方便我们利用海德格尔的著作来研究信息和通信技术的晚近创新。

　　但是我们错了：本书比想象的要难写。不过，造成这种困难的原因听起来还是不错的。事实上，就在我们撰写各章的同时，我们认为自己在媒介和海德格尔方面所知道的一切都成了可质疑并且值得去质疑的。我们并非是要对此进行抱怨，因为，这种质疑恰恰是我们希望在本书中呈现的：人们要以谨慎而明确的姿态去挑战并重新思考海德格尔的著作及通常被称为"媒介"的那种东西——只不过，我们不知道这条路能走多远。

---

① 　译者注：保罗和下文提到的戴维指的是本书的两位作者。

在走过这段旅途（这显然是一个海德格尔式的隐喻） XIII
的过程中，我们得到过很多人的帮助，在此我们要提及他
们的名字。我们要感谢 Andrew J. Mitchell 提前将他翻
译的不莱梅（Bremen）和弗莱堡（Freiburg）讲座的文稿提
供给我们。

保罗要大声感谢维多利亚酒吧"售货棚小队"中的
Daivd、Ben、Melissa、Stuart、Heidi、Calvin 和 Sita，要向
Rachel、斗牛犬 Barbie 表达感激之情，他们让我享受了威
尔士版的海德格尔式的黑森林隐居生活的"好时光"。非
常感谢！

戴维要感谢那些为我们指明道路，帮助我们解读海
德格尔思想的人：Thomas Sheehan、John Sallis 和 David
Farrell Krell；还要对 Anja、Stas 和 Maki 说一声：非常
感谢！

目　录

导　言

杀人的不是枪,而是人。

——美国步枪协会的非官方口号

技术的本质绝不是任何技术性的东西。

(QCT:4)

在缺少准确的统计数据的情况下,我们高度怀疑大部分自称是自由主义学者的人是否真的会强烈反对国家步枪协会的上述言辞。这是因为,那些支持枪支管制(或至少是某种程度上的规范)的人乐于承认以下这个表面上符合逻辑的观点:在技术层面,枪支在暴力中起着决定性的作用。例如,与使用非自动武器的情况以及不使用任何枪支的情况相比,军用突击步枪在城市中的使用会导致更多死亡。不过有意思的是,在同样持有自由主义主张的媒介和传播研究领域,人们却时常发现,"技术在本质上是中性的"这一观点很少会被质疑。这一观点以各种不同形式反复出现,并且与下面这条咒语般的准则相符:"你使用的技术并不重要,重要的是你选择的使用技术的方式。"兰登·温纳(Langdon

Winner)把这种观点称为"中立性的神化"(1977:27),并轻蔑地视其为"努力发挥安神作用的老生常谈"。尽管海德格尔切入技术的哲学路径极少被媒介研究的学者提及(或仅仅是粗略地提及),但是这一路径却在更深层次上挑战了那些有选择地支持或批评技术决定论的人。随着泛在计算(Ubiquitous computing,德文 ubicomp)的出现,一些此类新的技术介质也以不那么突兀的形式出现了——如谷歌眼镜(Google Glass)的新界面,这些都使得技术决定论受关注的程度超过了以往。

海德格尔声称,技术的本质超越了任何特定的技术装置所拥有的特殊属性。这个观点虽然表面上自相矛盾,但却集中体现了他的著作中的态度:鼓励人们去思考技术**环境**的决定性特征,而不是个别制品的决定性特征。俗语说,"当你拿着一把锤子时,什么东西看着都像钉子"。而每当我们开始使用一件简单工具时,我们的思维模式就会出现类似的变化,这实际上就体现了那种与个别制品相关的决定论属性。当这件人工制品不是一个简单工具而是一个技术复合体时,这种变化就会呈指数式涌现;当我们对技术的使用依赖一个由相互指引的各种技术组成的集成系统之时(例如,当下已经包围了我们的数字体系),我们的思维模式就会发生更大的变化。海德格尔对媒介技术研究的无可比拟的重要性就在于,尽管他关于技术的观念表面上不太受欢迎,但却可以帮助我们反思技术治理的一般性。我们认为,这种一般性的重要性远超过任何特定制品的特殊性,无论这个制品是锤子、iPad 还是互联网。

此在的本体论

> 此在不仅仅是一个存在于其他存在者之中
> 的存在者。与此相反,在存在者层次上,此在因
> 下述事实而有所不同:在它的这种存在中,它的
> 存在对它自己来说是一个要给予**关切**的东西。
> 不过就此而言,这种关切就构成了此在之存在
> 的一部分。这意味着,此在在其自身的存在中
> 与存在相关联——这种关联本身就是存在的一
> 种方式。而这又进一步意味着,此在会在其存
> 在中以某种方式领会自己,尽管这种领会并不
> 总是明确的。此在的特殊之处在于,伴随着并
> 通过这种存在,此在将自身揭示出来。**对存在
> 的领会本身就是此在之存在的规定性特征。**此
> 在在存在者层次上的不同之处,就在于它在存
> 在论的层次上存在。
>
> (BT:12)

3

海德格尔的思想以难以理解著称。一个可能的原因
就是,像 Dasein(此在)这样的词并没有被翻译成英语。
我们现在有必要推敲一下这个词的意义。在标准德文
中,Dasein 意指"存在",但是海德格尔则强调使用"在此
存在"这个字面意思,以此来表达人类存在所具有的特
点。海德格尔的文本当然是用德文写成的,但是,人们在
翻译他的著作时并不会把这个词从德文翻译过来,这恰

恰意味着人们有意让它表达出更特殊的东西。Dasein 这个词传递了**作为人类**（being human）而存在的某种独特性，而这种独特性是无法通过"人类本性（human nature）""人类（human being）""人类生存（human existence）"之类的现成词汇恰当地表达出来的。这个词最重要的特点（本书将会反复提及这一特点）就在于其置身性①，它的在—世界—之中—存在。这是某种无论如何都无法用单个英文单词表达出来的东西（就这一点而言，英文以外的其他语言也无能为力）。另外，海德格尔对 Dasein 这个词的使用直接引出了存在者层次（ontic）和存在论层次（ontological）这两者在哲学方面的差异。存在者层次是就存在的东西而言的，而存在论层次是就存在者的存在而言的，或者说，是就那些东西的存在何以被维持、何以被赋予结构而言的。存在者层次与存在论层次这两者之间的差异并不仅仅是某种哲学上的晦涩难懂的东西；人们对这一差异的认识对于理解被中介的存在有着特殊的重要意义。

对海德格尔来说，此在仅在牵涉与存在相关联的特殊行为方式时才有意义，而存在却与此不同。正如海德格尔所说，存在本身无法被体验，存在并不是那种与存在者并列并能与我们照面的另一个存在者。就此而言，我们更倾向于把存在当成某种不言自明的东西，难以对它

① 译者注：作者在此使用的 positionality 有歧义：一方面，与后边的 being-in-the-world（在—世界—之中—存在）并列且含义相近的词语应为 positedness（置身性）；另一方面，positionality 与 enframing 同义，均表示"集置"。因此，这里使用的词语应为 positedness 而非 positionality。

反思。例如，我们非常熟悉"人类（human beings）"这个词（细想起来，这个词有些累赘），以至于我们想当然地认为被放在一起的两个单词之间具有天然的联系，却没有意识到以这种精确的方式，它们**共同**表达了我们所理解的"人（human）"和"存在（being）"之间的不可分割性。Dasein 这个词显然有一种奇怪的突兀感（不仅是在译文中如此，在德文原文中也是如此）。海德格尔有意利用这种突兀感唤起人们对这一不可分割性的注意，使人们反思那些平时在不经意间被忽略的东西。本节开头的引文乍看起来不但没提供什么信息，而且还让人困惑。考虑到海德格尔试图用它来阐释此在的复杂性，这段文本事实上确立了**此在**在海德格尔所坚持的本体论路径中的核心性："对存在的领会本身就是此在之存在的规定性特征"。换句话说，此在不仅仅是各种存在者之中的一员，此在区别于其他存在者的一点就在于，它在其自身的**存在**中关心它的存在。或者，用海德格尔那句更简洁的话来讲："此在在存在者层次上的不同之处，就在于它在存在论的层次上存在。"

　　但是所有这些哲学化的东西又跟媒介有什么关系呢？我们的回答是，Dasein 这个词一方面本来就具有一种突兀的存在感，另一方面又意指某种本体论概念，这样一来，它就引发了一连串关于被中介（being mediated）和被中介的存在（mediated being）之本质的根本性问题，而媒介学者一直以来都没有关注这些问题。他们对这些问题的忽视，轻则是漠不关心；重则是在智识的层面抵触它们，同时缺乏远见地宣称海德格尔这个人愚昧、不清醒。

5

我们明确地反对把海德格尔刻画成这个样子,因为我们认为,海德格尔的存在论使得我们能够理解媒介化之中最根本、最基础的东西和它的**原初动力**(primum mobile),并进一步帮助我们理解这种原初动力在当今这个泛在计算时代最终转化为媒介的各种呈现形式的过程。我们生活在一个媒介化的环境中。在这里,存在者与存在之间的差异,以及存在者层次与存在论层次的差异,都变得模糊了。本书后续四章将借助不同的视角对海德格尔思想的不同维度进行考察,以便阐明上述这种生存状态。虽然我们这样做是有风险的——这样做会被斥为阻碍了读者对媒介技术的直接关注,但是本书将全盘接受海德格尔所说的"技术的本质绝不是任何技术性的东西"这个观点。我们将只关心媒介的本质层面,且并不会因此而感到歉意。吊诡的是,当一个人不再关注特定的媒介案例,而是聚焦于被媒介中介了的对象和对象化技术对社会的渗透,以及这种渗透的更广泛意涵时,媒介的本质层面反而更易于理解。就此而言,海德格尔的思想能够引领我们切入媒介化生活的核心维度,而那些更明确地以媒介为导向的路径则难以对这一维度进行考察。

各章节概要

第一章 我们需要谈谈媒介

第一章将关注中介化的发端行动:语言。这一章考察了海德格尔的一个颇有新意的论点:我们不仅言说语言,还被语言言说。这一表述为我们接下来探讨有影响

的后结构主义思想家的相关议题铺平了道路。我们将要
提及的思想家包括雅克·拉康(Jacques Lacan)、茱莉亚·克
里斯蒂娃(Julia Kristeva)、让·鲍德里亚(Jean Baudrillard)和
雅克·德里达。海德格尔毕生都在探讨这一主题,他所
走过的道路是曲折的,方向亦有所变化。本章将跟随他
的脚步分析关于语言的两种常见理论——工具主义理论
和建构主义理论。我们认为,这一分析关系到媒介化的
本质形式。以这一分析为根本基础,本书后面的部分将
聚焦于媒介的内在运作过程——从表面上看,这种内在
过程就是媒介试图**中介化**一切事物的过程——它平淡无
奇,但事实上,我们低估了它。

第二章　被中介的真理

　　鉴于第一章已经说明了媒介何以不但表象事物而且
还建构了它所描绘的世界,第二章将考察西方文明何以
被误导并泰然自若地把真理的概念等同于表象的正确
性。换句话说,第二章主要涉及关于媒介化过程的标准
解释。这种解释宣称,媒介表象世界中的现实事物,被表
象事物的真理性能通过衡量媒介的表象在何种程度上反
映并准确刻画了真实发生的事情来评价。这种观点属于
一个存在已久的传统程式。而海德格尔却反对这个观
点,并且非常坚定地指出,在什么是真的与什么仅仅是正
确的之间,有概念上的差异。在撰写本章的过程中,我们
将使用**传诉性—规定性展示**(communicatively determinative
exhibition)的例子来说明这一尖锐的哲学命题,进而说
明,当代媒介社会是西方思想的历史发展的巅峰,而西方

思想的确倾向于将正确性等同于真理。本书第二章将对这种看似不言自明且根深蒂固地存在于文化中的倾向及其后果进行研究。

第三章　在诸事物/媒介之间(In Medias Res)①

第三章考察总是已经"在诸事物之间"的媒介的地位。这一章将详细解释海德格尔的**上手之物**和**在手之物**的概念,以便说明**物**(things)②、**对象**(objects)③和**用具**(equipment)在海德格尔著作中的本质区别。我们可以看到,媒介在这一框架中占据着独一无二的地位,这正是因为媒介横跨了各个不同的方面:它既是静止的对象(媒介硬件),又是表象(软件或媒介中的内容)。技术的单个

---

① 译者注:作者在此使用了双关语。in medias res 至少具有以下几层意思。第一,这个拉丁文词语最基本的意思是"在诸事物之间",作者借此强调海德格尔哲学中的此在总是在与各种各样的事物打交道。第二,由于这个词语包含 media,所以它又包含"在诸媒介之间"的含义,因此,作者在本书结论部分使用了 in media(s) res 的表述。第三,这个词语包含"直接深入内部、切入正题"的意思,作者借此强调我们应该分析物的本质,搞清海德格尔哲学中的物到底是什么。第四,这个词语同样还包含使用倒叙或闪回技巧的意思:文学或影视作品有时会先让我们知道最后发生了什么,然后再讲述之前的事情。而在此处,它的含义是,我们先知道了一般意义上的物以及在技术时代成了对象的物呈现为什么样子,然后再"回到本原"了解海德格尔所说的物的本质是什么。译者认为上述第一、第二层意思最为重要,所以暂且采用"在诸事物/媒介之间"的译法。
② 译者注:thing(s)既可译为"物"又可译为"事物"。其中,"物"更能体现海德格尔哲学的色彩,而"事物"则是更加日常化的词语。在本书中译本中,译者将根据语境使用不同的译法。
③ 译者注:object(s)既可译为"对象"又可译为"客体"。"对象"一词在海德格尔哲学中有着较特殊的含义,并且译者也大多采用"对象"的译法;有时译者亦会使用"客体",以体现它与主体的对应性。

部分并不独立于延展开来的用具总体,所有这些部分都对这个总体有所贡献并从这个总体中获得它自身的存在形式。因此,对海德格尔来说,将单个部分从总体中孤立开来是一种错误的分析方法。

第四章　媒介应用程序的 Dasign:对技术的追问

最后一章将对前文提到的中介化、表象和集置(positionality)[①]的主题进行总结,以便说明,尽管海德格尔哲学被斥为带有不合时宜的怀旧色彩,要么给人一种土里土气的感觉,要么带有一种民粹主义(英文 folksy,德文 völkisch)色彩,但它仍然能在前沿媒介技术领域发出声音。效仿海德格尔旧词新用的意图和方式,我们借助"此在"这个词语来追问:当下生活中媒介的饱和程度超过历史上任何阶段,这对于**此在**到底有何种深刻影响?海德格尔评论说,现代媒介创造了一种一致的"去远性"(distancelessness)。这一评论事实上直接影响了(尽管这些影响本身极少受到人们的评价)很多理论家——西奥多·阿多诺(Theodor Adorno)和让·鲍德里亚也在这些受影响的理论家之列。只不过,从表面上看,这种影响并不明显。

主题性概要

总体来看,本书涉及**语言、真理、远程呈现**(telepresence)

---

① 　译者注:"集置"在海德格尔著作的英译本中有时被译为 enframing,有时被译为 positionality。

和**技术决定论**这四个主题。这些主题构成了四个相互关联的关键维度,使得海德格尔那些让人感到抽象、晦涩难懂的著作展现出了价值。媒介作为一种结构性要素在我们的日常生活中发挥作用,而海德格尔著作的价值就在于对这种作用提供极有现实意义且激进的洞察。

主题一:海德格尔的语言

> 罗蒂(Rorty)预测说,"接下来的几个世纪中"哲学家将受益于海德格尔对从古希腊延至尼采的这段哲学史所作的"具有原创性和影响力的叙述"。对此,我深表怀疑……有些人热衷于贫瘠的、纯粹是修辞层面的多样性所带来的神秘主义,这种人仍会痴迷于海德格尔。海德格尔的那种"在注释的基础上产生的形而上学(glossogonous metaphysics)"①充分说明了这一问题……更加冷静和理性的人将继续把整个海德格尔现象视为人类心灵的古怪迷失。(Edwards,2004:47)

鉴于我们宣称海德格尔对技术的分析具有重要性,一个问题立即出现了:为什么他的思想没有在媒介与传播研究领域得到普遍接受?除了与纳粹的关联外,还有一个原因可以在海德格尔独特的表述方式中找到:他的

9

---

① 译者注:引文作者使用 glossogonous metaphysics 意在讽刺海德格尔总是通过引经据典来构造自己的形而上学思想。

表述方式使得"绝大多数遵循英美传统的哲学家"将其贬为"一个蒙昧主义的糊涂虫"（Searle，2000：71）。这种负面反应，再加上上文提到的保罗·爱德华兹的谴责，彻底使他成了一个以难以理解而著称的人。因为，无可否认，他无数次地摆弄那些被他安上了新意义的旧词，那些依赖介词的德文词组，以及那些伪神秘主义的概念［如**救赎的力量**（Sawing Power）、**四重性**（Four-Fold）］。这些词藻也许说明了为什么读者不是在阅读他的任何一本著作之前就已经开始质疑他，就是在读了他的著作之后产生了更大的挫折感。不过我们相信，海德格尔的思想远不止于此。

　　首先，在最现实的层面上，爱德华兹等人对海德格尔的回应无法解决以下固有问题：在尝试进行真正有原创性的哲学思索时，如果运用人们都能理解的表达方式，就会出现问题。尽管可理解性被认为是成功沟通的**必要条件**（sine qua non），但它未必是我们以往认为它所是的东西。因此，"海德格尔在其《哲学论稿——从本有而来》［*Beiträge zur Philosophie（Vom Ereignis）*］中宣称，'哲学若把自己弄得明白易懂了，就是在自杀'。他对可理解性的界定着眼于对作为被表象的对象的存在者进行思考和言说的现代形而上学的方式。进一步讲，可理解性包含一种为思想匮乏时代的任何非本真者准备的、均质化的可通达性"（Gregory，2007：57）。对本书所要达到的关键目标来说，至关重要的就是"言说作为被表象的对象的存在者"这个短语。它直接触及了海德格尔著作中两个方面的相互关联：一方面是事物，另一方面则是将这些事

10

物转化为**对象**的惯常方式。这些方式多种多样,但并未被人们言明。这一对象化过程的意识形态含义仅在少数领域中得到了人们的承认——性别政治就是这些领域之一。更常见的情况是,我们无法识别广泛存在的各种对象化运作过程,而正是在这一过程中,媒介发挥了至关重要的作用。

海德格尔的著作以一种激进的方式让我们在惊讶中面对那些被视为"理所当然"并加以接受的东西。正如威廉·洛维特所说(QCT:xvi),海德格尔"时常把我们带离简单思考的地带,以便追寻我们思想的根据。不过,他做得还更多,他不断让我们去面对我们自己的深渊,他努力引导我们跃升到新的境界并以新的方式思考问题"。海德格尔把理所当然的东西变成了质询本身,而这就是他为那些浮浅的思考方式开出的药方:

> 存在普遍被遮蔽了,以至于它已经被遗忘,并且也不会有什么关于它或它的含义的问题被提出来。因此,如果某种东西要求就其最本己的内容以一种与众不同的方式成为一个现象,那么现象学就会将其视为课题化的对象加以把握。(BT:59)

换句话说,存在,这个被我们视为不言自明的东西,这个被默认为是起点的东西,对海德格尔来说却是他的现象学研究的主要关注点。他的所有关于媒介研究的本体论沉思就在于以下两个平行的方面:一方面是海德格

尔追寻的"我们的思考建诸其上的那个根据"的方式,另
一方面是某种结构化过程——要想正确理解为媒介的中
介化奠基的那个根据,就必须对这个结构化过程保持敏
感。不过,在我们跨越到"新境界"以前,我们先要跨过深
渊——在面对并理解这个激进的研究计划时必须跨过的
沟壑。

　　爱德华兹那种轻蔑的回应固然只是极端个案,不过
我们可以辨识出,这样的个别反应确实起源于某种常常
与更广意义上的英美哲学传统相联系的特征。对这一哲
学传统来说,人们通常更喜欢精确性和可测量性所具有
的科学价值,而不是海德格尔这样的理论家赋予追问的
终极价值。因此,像"在注释的基础上产生的形而上学"
这样的措辞就远不只是对海德格尔晦涩难懂的表达方式
的刻薄批评了。海德格尔有理论雄心,他的非实证主义
本质如此引人注目,如此不加掩饰,以至于使人们本能地
退缩了。另外,我们还要说,人们在指责海德格尔的时候
也使用了类似的晦涩难懂的语言结构,这已经违背了所
谓的在经验中追求事实的承诺。不过,比刻薄的指责更
引人注意的是,这种做法代表了一种在情感上过分修饰
的拒斥姿态(尽管从某种程度上讲这种姿态仍然是隐藏
着的,还未完全表现出来)。这样的强烈拒斥已经超出了
对于风格的抱怨。拒斥的深层次根源,就是长期存在于
英美哲学传统与那种被称为大陆哲学的思维方式之间的
嫌隙;而海德格尔,或许就是大陆哲学的发言人或典型
代表。

主题二:海德格尔的真理

这种信息过剩会导致我们无法认清真正的问题。如果仅仅依靠整合行为把各种东西加以比较并分类的话,我们是无法获得关于本质的真正知识的。把多样化的东西编制成表格并按照顺序排列起来,也并不能保证我们真正理解摆在我们面前的东西。假如某种排序原则有其真实性,那么它就会把属于自身的内容作为事物(Sachgehalt)包含在自身之中;而这种内容是永远不可能通过排序发现的,它必须是某种预设在这一原则之中的东西。所以,一个人要想把关于这个世界的各种图像有序排列起来,他就首先得弄清楚世界本来的面貌。并且,如果"世界"本身是此在的建构性要素,那么,这个人就得首先洞察此在的基本结构,以便从概念上探讨世界-现象。(BT:77)

如果你认真仔细地阅读上述引文,就会意识到它并不像人们指责的那样难以理解。这段话为我们提供了必须超越某种科学视角中的概念界限的明确理由。这种科学视角因其自身精细的结构而无法引入超出它自我施加的排序框架的现象学本质。对海德格尔来说,科学方法论系统地、无可避免地忽视了它自身的动因,必定无法帮助我们意识到那些显然已经被它视为理所当然的东西:

"科学能触及的东西,就其被表象的方式而言,已经预先被科学视为可能的对象。"(BFL:8)科学所要求的思维方式不仅不能帮助人们回避这一问题,而且还把反思的盲点制度化、神圣化了,进而使这些盲点在事实上成为知识探究的标准。正是这种情况使得海德格尔这样的思想家受到了忽视。对海德格尔来说,存在不仅仅是构成存在者/事物的一个中性容器,而是一个要加以明确关注的东西。海德格尔鲜明的本体论路径具有激进本质,正是这种激进本质充当了叩诊槌[1],像引发膝跳反射一般引发了绝大多数抛向海德格尔的猛烈攻击。

  总的来说,媒介与传播研究遵循"社会科学"的研究模式。在这个领域中,占主导地位的是一种表面上的科学追求,而这种追求产生的后果就是:人们倾向于把真理等同于术语上的/实证主义的精确性。在经验层面,与当代媒介环境相关的鲜活体验是微妙的,而所有这些微妙性都被表面上的科学性牺牲掉了,取而代之的是实证主义的严格要求。我们现在要强调的是,我们会有意使用"实证主义的(empiricist)"这个词,而非"经验的(empirical)"。我们使用"实证主义的"来意指那种将体验还原成对象化的、可测量的东西的思维方法。与此相反,经验还包括那些虽然存在但尚未屈从于简单的对象化和测量行为的东西。这一点可以用欲望现象简单地加以说明。很少有读者——如果确实有的话——会否认欲望是人类体验的一个强大组成部分;不过,对欲望进行测量的尝试却反映了人们对欲望那难以言传的本性的误解。而且,欲望内在地牵涉到位置的问题:在欲望及其对象之间必须要有一条鸿沟——就欲望的定义而言,你不可能渴望某种你已经拥有的东西。因此,欲望间接地建构着人们的体验(虽然这种作用是间接的,但这并不意味着这种作用不强大);并且,尽管这种建构作用无疑是现实的,但却难以测量。这种建构作用正是媒介技术在当代生活中所发挥的作用。海德格尔的思考虽然是非实证主义的,但却是基于经验的,因此特别适合用来阐释这种建构作用的真相。

社会科学模型具有同义反复的倾向;在揭示媒介现象时,它只能去核实那些按照预先设计将被呈现的东西。与此形成鲜明对比的是,海德格尔要追问:我们谈论的是什么? 我们如何谈论? 以及,我们为什么要谈论? 通常,媒介和传播学研究者用关于工具中性化的未经证明的假设取代了对本质价值的判断;但海德格尔则一开始就有意拉大我们与事物之间的距离,以矛盾的方式强化原本高度切近的东西之间的概念距离——比如说,他会对壶这种不起眼的东西进行细致思考(细致到了让某些人不舒服的程度),进而让这个简单而熟稔的东西不断变得陌生、不熟悉、遥远[参阅《物》(*The Thing*)]。这种做法无疑有异于读者通常希望看到的东西。我们通常希望用于交流的文本能够帮助我们理解某物,把陌生的东西变成熟悉的,把与我们有距离的东西变成可领会的东西——这个文本也许源自某个著名哲学家才华横溢的沉思,也许只不过是篇小报文章,不过无论如何,我们都希望它发挥这个作用。海德格尔则通过完全相反的事情重新调整了我们的期望值。他把切近的东西摆在我们面前,然后说明我们距离充分理解这个东西到底有多远。

主题三：远程呈现

时空上的所有距离都在坍缩。现在人类能够乘坐飞机在一夜之间到达以往需要好几个星期或好几个月才能到达的地方。现在人类能够听广播得到即时信息，而这些信息以往可能需要好几年才能为人知晓——如果它们能够被人知晓的话。过去，人们不了解植物跨越多个季节的发芽和生长过程，而现在人们则能通过一段一分钟的影片将这个过程明确展示出来。那些最古老文明的遥远遗址，现在被放到影片上展示，此刻，它们似乎就出现在我们的大街上。不仅如此，影片还展现了摄像机和拍摄过程本身，以此确证它展示的东西。去除任何可能的距离的现象，将会借助电视达到巅峰。电视不久就会渗透并主宰整个传播机制。(TT:163)

在经历了三千年的急剧膨胀后，西方世界，借助于专门化的机械技术，终于开始内爆了。在机械时代，我们在空间中拓展了自己的身体。今天，在电气技术产生的一个多世纪后，我们已经在全球范围内拓展了我们自身的中枢神经系统，在这个星球上去除了空间和时间。(McLuhan,1995:3)

15

按照詹姆斯·凯瑞(James Carey)的说法,在当代文化中,传播有两种相互竞争的定义,"一种是关于传播的传送(transmission)观,一种是关于传播的仪式观"。"关于传播的传送观",凯瑞(Carey,1989:15)写道,"在我们的文明中是最为常见的——也许在所有工业文明中都是如此——它主宰着当代字典中'传播'这个词条下的各个义项,并通过'传递''发送''传送'或'给予他人信息'等词语被界定"。这种视角是借助地理或交通的隐喻形成的。尽管海德格尔在理解传播时也采用了这种普遍且占主导地位的视角,但他随即就把事情复杂化了。例如,在他的文章《物》中,他探讨了"切近性(closeness)"这个通常不难理解的概念与媒介技术之间的关联。在进行这一探讨时,他对传播媒介进行概念化的方式非常接近马歇尔·麦克卢汉在《理解媒介》(*Understanding Media*)一书中提及的"出发点(point of departure)";这一点可以从以上两段并列的引文中看出来。对麦克卢汉(以及后来的鲍德里亚)和海德格尔来说,战后年代的界定性特征并不存在于原子弹的外爆威力中,而是更多地存在于电信技术所带来的内爆(implosion)①之中。这种对距离和延迟的内爆式征服,就是传播;严格来说,就是一切。

不过,按照海德格尔的矛盾式分析,传播技巧和技术上的创新并不像人们通常设想的那样把所有东西都带得

---

① 译者注:麦克卢汉以及本书作者将 explosion/explosive 与 implosion/implosive 并列,意在强调方向上的差异,后者可译为"内爆",前者可译为"急剧膨胀",但若要强调单词前缀的话则可译为"外爆"。

切近了。麦克卢汉尚在思考以外爆为本质特征的原子弹
与以内爆为本质特征的电信技术在概念上的对立；与此
不同，海德格尔则是在思考作为一个整体现象的距离之
消除及其深刻内涵——这种消除似乎完全可以通过远程
呈现技术实现：

> 不过这种疯狂消除一切距离的行为并未带
> 来切近性；这是因为，切近性并不在于距离的缩
> 短。借助影片中的图像和收音机的声音而变得
> 离我们非常近的事物，仍然能够远离我们；在距
> 离上无限遥远的东西却能够接近我们。较短的
> 距离本身并非就是切近，较长的距离也并非就
> 是遥远。（TT:165[①]）

因此，至少对海德格尔来说，距离和延迟之消除——
即地理—物理空间和时间的消除——并不能确保麦克卢
汉所说的"地球村"的产生。

在《存在与时间》中，海德格尔对物的探究始于那些
最接近我们的东西，那些总是已经上手了的用具。"上
手"这个词（本书第三章将详细对其进行探讨）被海德格
尔用来指称事物作为技术对象被体验时在状态上的变
化。他探讨了个别物件的特定属性何以融入一个正在延
展的背景之中——正是在这个背景中，这个物件才能够
得到充分利用。例如，在最简单的层面，木匠的凿子是作

———————

① 　译者注：此处原书标注页码有误，应为163。

为作坊这个更广范围的一部分被使用的,是作为由各种磨损了的工具所组成的工具箱的一部分被使用的;所谓上手状态,刻画的就是木匠在某一特定时刻把握他所需要的工具的那种几乎是潜意识的从容。从一个更广且更复杂的层面看,上手状态刻画的就是像喷气式客机那样仅作为支持性技术的整体网络的一部分而发挥作用的对象——这些支持性技术涉及的东西有跑道、雷达站、加油系统等。对于什么构成了事物,以及什么把事物变成了上手对象的探究,又引出了更根本的问题:与我们照面之物的切近性又是如何形成的?

换句话说,海德格尔区分了事物的切近性与电信技术的内爆力量带来的单纯的距离缩短。他认为,距离的缩短,也仅仅是物理距离较短而已,但事物的切近性则带有一种亲密感和邻近感,而这些感觉既不依赖于物理距离也无法还原成物理距离。这些感觉因而与凯瑞所提到的"仪式观"相关。对凯瑞来说,这种对传播进行概念化的备选方式"充分利用了'共同性(commonness)''交流(communion)''共同体(community)',以及'传播(communication)'"这些词语的古老同一性和共同词根(Carey,1989:18)。就这种描述事物的方式而言,凯瑞似乎是在声援海德格尔。凯瑞进行了词源学上的回溯,以便找到"传播"这个词语的更古老、"更具本源性的"定义。以这种方式界定传播这个概念,就表达了一种共享的亲密感和切近感,而这些感觉显然不同于物理距离上的邻近。可见,海德格尔的分析强调的是一种界定当代媒介化情境的张力,甚或是矛盾。我们的"操劳"(用《存在与时间》里的话来说)可以出现在任何时间,任何空间,任何地点——正像以前的一个马天尼鸡尾酒广告所说的那样。不过,早在海德格尔之前,亨利·戴维·梭罗(Henry David Thoreau)就富有洞见地指出:

> 我们迫不及待地在缅因州和得克萨斯州之间建立电磁电报联系,然而,缅因州和得克萨斯州之间可能没什么重要的东西需要沟通。我们急于在大西洋下铺设电缆,以便让旧世界和新世界之间那原本要耗费好几个星期的路程缩短,然而,传进美国人那涉猎广泛的、急不可待的耳朵的第一条新闻,可能只不过是阿德莱德王妃(Princess Adelaide)得了百日咳。(Thoreau, 1910:67)

所有事物看起来都聚得更近了,不过事物的本质,也 *18* 就是海德格尔在《存在与时间》中所说的"物的物性"(BT:9)却显得比以前更遥远、更难以触及了。

主题四:技术决定论

> 海德格尔的名字时常出现在支持技术决定论的作者的名单中。不过,问题并不像人们想象的那样简单。(Lucena,2009:110)

技术决定论是一种关于社会变迁的技术—引领

(technology-led)理论,它将技术创新视为人类历史的第一推动者(primum movens)。美国社会学家索尔斯坦·维布伦(Thorstein Veblen)常被视为这一理论的提出者[Ellul,1964(1954):xviii;Jones,1990:210]。并且,在媒介与传播研究领域,技术决定论还成了查尔斯·霍顿·库利(Charles Horton Cooley)(Cooley,1962:65)等人的著作中固有的要素。库利就曾经强调:"我们必须认识到传播上的革命已经为我们创造了一个新世界,如果没认识到这一点,我们就无法正确理解任何事情。"在技术决定论方面与库利持相似观点的人还包括20世纪媒介理论领域的标志性理论家,例如,雅克·埃吕尔(Jacques Ellul)[Ellul,1964(1954)]、哈罗德·英尼斯(Harold Innis)(Innis,1951),以及麦克卢汉(McLuhan,1995)。尽管技术决定论非常有影响力,两种关于技术与社会关系的解释——**社会文化决定论**和**志愿主义**(volunteerism)却明确地拒绝承认它。按照戴维·钱德勒(David Chandler;Chandler,1996:2)的说法,社会文化决定论"认为技术和媒介完全服从于它们在特定的社会—政治的、历史的背景和特定的文化背景中的发展和使用情况"。志愿主义"强调的是,个人认为他们自己能够'选择'使用某种工具,并且能够控制这一工具"。可见,这两种解释中的每一种都是被海德格尔称为"技术的工具主义和人类学定义"(QCT:5)的理论的某一版本。

在这一**存在者层次**的争论中,海德格尔自己并不支持任何一方。相反,他发展了一种激进形式的技术决定论;这一理论与他的本体论关切保持一致,并且超越了决定论/反决定论之争的概念限制；他的理论还同时构成了争论双方的共同基础，只有当这一共同基础存在时，双方的争论才成为可能。就此而言，我们可以说，海德格尔对技术决定论进行了**解构**。尽管"解构"（或者时常被误称为"解构主义方法"的东西）一般被认为出自雅克·德里达的著作，但是德里达明确地表示，他在哲学上的创新源于海德格尔对形而上学的解构，而这样一种解构本应成为海德格尔计划撰写的《存在与时间》第二部分的内容。"当我选择了这个词（解构）的时候"，德里达（Derrida, 1991：270-271）解释说，"或者说，当这个词把它自己强加于我的时候——我想，这种情况就出现在我的《论文字学》（*Of Grammatology*）中——我没有想到它会在我那时所感兴趣的话语中获得这样一种核心地位。最重要的是，我希望改造海德格尔的这个 Destruktion，以使其适合于我自己的目的"。人们已经在这个问题上花费了很多笔墨（例如，参阅 Gasche, 1986：109-120），不过我们在此仅提及两个重要方面，这两个方面在本章接下来的内容中还会出现。

第一，从消极的一面说起，"解构"这个词并不意味着拆分、去除—建构（un-construct）或拆解。对这个词的主流解释是错误的，而且人们已经习惯于使用这种（错误的）解释方法了。不过，解构既不是某种形式的毁坏式分析或智识上的破坏，也不是一个反向工程（reverse engineering）。正如德里达（1988：147）所说："'解构'中的'解'并不意味着去除建构本身，而是意味着在超越了建构论（constructionist）或毁坏论（destructionist）的框架

20

之后还能够被思考的东西。"就此而言,尽管人们也许会从概念层面理解"建构"及其反义词之间的差异,但是解构的确是一种与这种差异完全无关的东西。

第二,从更为积极的一面讲,解构是一种总体策略,它介入过去和未来的一切组织并约束于我们的知识系统的概念差异(包括以上所说的建构及其相反东西之间的差异)之中。正如德里达所说,就这种介入而言,解构具有双重姿态:**颠倒**(inversion)和**概念置换**(displacement)。

> 一方面,我们必须超越翻转(overturning)这一阶段。我们要正视这种超越的必然性,就必须认识到,我们在古典哲学的对立中所面对的并不是面对面的和平相处,而是一种暴力的等级制。两个术语中的一个支配着另一个(这种支配发生在价值论层面、逻辑层面等)或占据较高位置。为解构这种对立,首先要在某一时刻翻转这一等级制……话虽如此,从另一方面看,停留在这一阶段,就仍然还在被解构的系统中活动并将这个系统当作基础。我们还必须借助这一双重书写[精确分层的书写,被移除的(dislodged)和移除着(dislodging)的书写]标记出翻转(它使较高者变成较低者)与新"概念"的突现(所谓新概念,就是某种不再能够,并将永远不能容于旧体系之中的概念)之间的差异。
> [Derrida,1981(1972):41-43]

海德格尔对技术决定论的重构与这一"双重姿态"相仿。在人们看来，在决定论/反决定论之争中，决定论已经被抛弃，而海德格尔却一开始就站在了这一边。当然，海德格尔的话时常听起来像是在简单地、不加批判地为一种严格意义上的技术决定论背书：

　　技术进步将变得越来越快，并且永远不会停止。在生存的各个领域，技术的力量都将更紧地把人类包裹在其中。这种力量在一切领域、一切时间中进行攫取、降服、纠缠、强迫，使人类屈从于这个或那个技术装置的形式。这种力量并非是由人类创造的，因此它们早已甩开了人类的意愿，发展出了自行决定的力量。（DOT：51）

　　不过，海德格尔并没有仅仅停留在为这种标准的、一般意义上的技术决定论的背书。他并没有关注单个技术制品或复杂的技术系统的社会后果，相反，他的思考针对的是技术的本质；他提醒我们，技术的本质与现实中的技术装置之间的联系很少，甚至可以说没有联系。技术时代的界定性特征就是，存在之去蔽（或者说，揭示的样式）具有某种特殊形式，而技术的本质则对这一特殊形式进行**框定**和情境化——这是海德格尔的思考所针对的另一个议题。因此，如果海德格尔的思想还能被我们称为"技术决定论"的话，那么无疑，它至少是一种在更深的层次上不同的东西——不同于通常被称为"技术决定论"的那些思想。正如德里达所描述的那样,海德格尔的"技术决定论"是一个新的概念,它"不再能够,并将永远不能容于旧体系之中"(Derrida,1981[1972]:43)。

结　论

追问构建了一条道路……这是一条思考的道路。我们多少可以察觉到,所有思考的道路都以某种不同寻常的方式与语言相融合。(QCT:3)

22　　我们已经分析了媒介研究者在阅读海德格尔时感到疏离的原因——例如,海德格尔的表达方式以及他致力于追问的勇气就常引起人们的"膝跳反射",或者说,海德格尔著作的特点常引发某种不适当的情感反应。不过,我们应该认识到,海德格尔的著作尚待人们认真钻研,因为他在写作中使用的术语的确不太容易被理解;就算人们理解了他的术语,也不太容易看出他的研究路径与媒介有何种关联——更何况,他显然更关注那些古旧的东西的本性,而并不关心那些用于传播的高科技小物件。对于这种看法,我们给出的回应是,海德格尔的著作的确让人感到艰难晦涩,让人有疏离感,难以接受,但这一点从某种程度上来讲是不可避免的。这是因为,海德格尔要确保他的表述方式适合他的研究主题的需要。海德格尔的思想与媒介有高度关联,但总的来讲,他的思想却被人们忽视了,这是因为人们得经历一系列步骤之后才能看出这样一种关联。人们要认识到:

- 海德格尔对锤子、壶、绘画等表面上看起来简单的东西所进行的探索性分析，事实上是以环境、集置等更为本质的东西为基础的。借助这样的分析，海德格尔从本体论的层面说明了存在的结构性联系，进而使我们对**被中介**的存在有了更新的和更深刻的理解。
- 海德格尔的分析整合了形式与内容。有鉴于此，我们要想以全新的方式理解存在的结构，就必须相应地创造出一种不同寻常的语言，从而保持必要的批判性并与普遍的理解方式拉开距离。

　　所以说，那些过度敏感，声称海德格尔有意让作品晦涩难解的人忽视了一个重要方面，即：这种难以理解性是必要的，而这种必要性就体现在：我们所要做的就是充分理解一种被中介的环境，而我们对这种环境的体验在通常情况下都没有被觉察到。因此，尽管本书努力消除读者与海德格尔思想之间的距离，让他的思想变得更容易理解，但是读者仍然要认识到，海德格尔自己所使用的表达方式排斥我们的这种努力，与我们的目标相违背。海德格尔自《存在与时间》前几页就开始重新提出存在这一问题，也正是以此为起点，海德格尔开始让那些看似熟悉且易于通达的东西变得遥远、陌生且有待质疑。人们通常把媒介设想成距离的仲裁者（**中介**者），设想成差异或延迟；而海德格尔显然是在与这种设想对着干。如果海德格尔的读者还固执于这种传统的设想，还固执地相信存在着某种无论何时何地都正确并因而不会被批评的理

23

解方式的话,那他就难以理解海德格尔在做什么以及他为什么要这样做了。

注释:

[1] 叩诊槌是一种像小锤子一样的医用工具,医生用它来敲击膝盖下的髌骨肌腱以检测病人的反射反应。

24

第一章

我们需要谈谈媒介

引言：谈及媒介

写关于媒介的东西就是提出这样一个问题：是什么预设写作能够为其他媒介代言？语言本身是作为元—中介出现的，它把过去和未来的各种媒介包含在自身之中。

（Adilkno，1998：7）

语言何以作为语言而出现？我们的回答是：语言说话（speaks）。

（LAN：190）

谈起媒介，我们会发现自己不可避免地在使用某种形式的媒介。因此，我们已经融入媒介之中，努力与媒介打交道了。而在这一过程中，语言拥有一种优势地位。正像以上来自丹麦非法知识发展基金会的引文所指出

25 　的那样,语言是一种元中介①,过去和未来的所有其他媒介,都被包含在语言之中,由语言反映,被语言呈现。因此,语言被普遍认为是人类传播的**第一**中介。这里的"第一"是就时间顺序而言的,因为语言正是人类在超越了打手势阶段之后使用的第一种信息交换和交流互动工具。[1]"第一"同样是就地位而言的,这是因为,任何其他媒介(书写、印刷、广播、电影、电视、互联网等)都隶属于语言,都是在拓展语言的功能,而且还都依赖语言的功能。确实,这种说法听起来没什么可争议的;不过海德格尔却提出了一个更深刻的问题:语言到底是如何出现的?而且他还指出,尽管我们认为是我们自己在言说语言,但是同时语言也在言说我们。

　　这样一种看起来反直觉的阐述展示了海德格尔作为一个重要思想家的最主要特征:执着地从最根本的层面上质疑那些涉及基本问题的传统假设。本书后续的章节将反复阐述这一特征。因此,本章作为全书之开篇理应探讨海德格尔如何借助语言并以媒介的起源为出发点去挑战那些关于媒介的天经地义的假设。海德格尔对媒介的本性进行了追问,而他"进行这种追问的方式就是:把作为语言的语言带向语言,并以此为指引追问之路的方法,毫无保留地抓住在这条道路上得到的任何东西"(WTL:399)。所谓把作为语言的语言带向语言,的确是

————————

① "元中介"原文为 meta-medium。该词组同时传达了两层意思:第一层意思是说,与本书所分析的各种具体的媒介不同,语言是一种元媒介,故 medium 表达了"媒介"的含义;第二层意思是说,语言是一种居于中间位置的东西,因此译者在此将其译为"中介"。

一种简洁但却迷惑人的方法；不过人们的确能从这一方法中认识到海德格尔的思维方式（**对照**麦克卢汉）何以有助于理解媒介。海德格尔在分析语言时，明确反思了我们对我们用来进行概念化的东西进行概念化的方式。这种对作为媒介的语言进行思考的反思模式是一个有益的概念源泉，其益处就在于能够帮助我们更好地解读那些无时无刻不在潜移默化地影响着我们的关于媒介的庸常看法。 *26*

　　语言是人类表达和传播行为的最重要、最基础的工具，这一论断看起来是完全没有问题的。不过事实上，努力把这一结论表述出来的行为本身已经提供了支持这一结论的证据，而且这一证据看来是如此充分，不可置疑——这个论断是不言而喻的，是被广泛接受的，是毋庸置疑的，我们也不需要为它提供更多解释。谁又会质疑这个论断以及它表述出的事实呢？谁又会否认语言是人们用来表达事物的最初工具或首要工具呢？呃，海德格尔就是否认这一点的人！对海德格尔来说，语言是人类表达的工具或媒介这一传统观点是有待商榷的；他甚至还与表面上看起来毫无争议的观点背道而驰，因为他认为拥有并使用语言的不仅仅是人类。"按照其本质，"海德格尔写道，"**语言**既不是表达也不是人类可操纵的东西。**语言说话**（Language speaks）"（LAN：197）。正如把作为语言的语言带入语言这一观点一样，"语言说话"也鲜明地体现了海德格尔的特点，即借助他自己的语言整合并传达那些表面上难以理解的观点，而正是这样一种观点有助于我们从最本质的层面反思媒介的本性，反思被中介的表象行为。本书将会反复提及海德格尔的这一特点。

表象的中介：作为工具的语言与建构性的语言

我要指出，用《圣约翰福音》(Gospel of St. John)的话来讲：太初有道。[①] 这并非是说词语是事物的名字，而是说——借用一句肯尼斯·伯克(Kenneth Burke)的话——事物是词语的符号。现实不是被现成地给出的东西，也不是为人类而存在的东西；现实不独立于语言，而语言也不是现实的苍白折射。相反，使现实得以存在、得以被创造出来的恰恰是传播，或者，简而言之，是对象征形式的建构、理解和运用。

(Carey, 1989:25)

语言是存在的家园，人类栖居于这个家园中，并得以绽出——生存(ek-sists)。

(LOH:213)

语言总是以这种或那种方式成为海德格尔思想的首要议题，在 1927 年《存在与时间》出版以前如此，后来的多尔(Le Thor)讨论班亦是如此，在他 1976 年逝世之前的几年中举办的采林根(Zaehringen)讨论班仍是如此。不过，虽说语言这个主题一直受到关注，但这并不意味着

---

① 译者注：《圣约翰福音》的第一句为"太初有道(In the beginning was the Word)"。作者借用这句话来强调词语的优先性。

海德格尔在其整个哲学生涯中对语言持有一种贯穿始终的、一成不变的观点。尽管语言对海德格尔来说是一个关键议题，他在这方面的观点也在不断发展，变化幅度也较大。例如，查尔斯·吉尼翁（Charles Guignon）就指出，海德格尔在《存在与时间》中提出的关于语言的观点似乎被拉向两个完全不同的方向，一是工具观，二是建构观。

工具观可以用威廉·狄尔泰（Wilhelm Dilthey）的思想来解释。这种观点认为语言是人类表达的工具或手段：

> 从工具主义的角度来看，我们能够使用语言从根本上讲是因为我们已经预先掌握了我们存在于其中的那个情境的某些非语言意义。正是因为我们首先已经理解了现实的性质，我们才能够理解词语的含义。语言被看作交流的工具，和对我们已预先掌握了的现实进行归置的工具。（Guignon，1983：117-118）

而建构观，或者说被称为"语言立宪主义（linguistic constitutionalism）"（Wrathall，2011：122）的观点则持相反意见。按照建构观的解释，语言并不是用来传递某些在先的现实的信息的工具或手段；语言首先塑造了这一现实并使其成为可能。换句话说，语言不仅仅作为某种衍生出来的东西表象事物，也不仅仅是事物的苍白反映。相反，语言建构了事物的现实性。或者，正如詹姆斯·凯瑞巧妙地借用肯尼斯·伯克的观点所说的那样："并非是

28

说,词语是事物的名字,而是说……事物是词语的符号。"

从工具主义的视角来看的话,语言不可避免地会被理解成一套可用的或上手的词语,所有这些词语都可以被放入一部辞典中,可以被编排、被组合,用来表达一些跟这个世界有关的、可理解的东西。而这个世界早在被表达之前就已经存在了,在它被语言再—现(represented)之前就被赋予我们了。换句话说,首先存在着一个现实世界——事物也以此方式现实地存在着,然后,语言才得以存在;语言就是一个工具,被我们用来表达一些关于这个世界的东西,我们会使用那些多少带有一些精确性的词语来整合对这个世界的表象。这样一种被普遍接受的且在表面上符合直觉的理解,对应一种同样被普遍接受的对媒介进行概念化的方式,即媒介是传播的手段。这种思路认定,存在着一个独立的、在先的现实,这个现实囊括了各种事物、人和事件;然后,现实世界会被再-现(在字面意义上,就是再次呈现出来),而这种呈现所借助的正是各种各样的介质——报纸、书籍、摄影、无线电传输、电视纪录片、网络文献、录像等。由此来看,媒介是某种第二位的、衍生的图像,它所呈现的是在"现实世界"中在场的东西。

29

从哲学的角度看,柏拉图在《理想国》(*The Republic*)的最后一部分首次阐发了这种观点。书中说,苏格拉底用了一张图画来分析并解释表象的本质。图画上有三类工匠以及他们的创造物,在此指的是家用品——具体来说,就是床。被苏格拉底放在图画最顶端的是"爱多斯(*eidos*)",即由神所创造的现实的、真正的形式。被苏格

拉底放在这个形式后边的是第一级表象，它是经由工匠
的技艺产生的。苏格拉底解释说，工匠先是观看那原初
事物的形式，从中获取信息，再进行创造（Plato，1987：
596b）。由工匠制造的东西接下来又被画家复制，而画家
实际上并没有创造出一张床，而只是创造了床的表象
（Plato，1987：596e）。尽管工匠复制了最初的那个"爱多
斯"，但是"模仿者"或"复制者"这两个称号却留给了画
家，正如苏格拉底的对话者格劳孔（Glaucon）提及的，"他
是对别人制作的东西进行模仿的人"（Plato，1987：597e）。
因此，模仿创造的只是作为现象的产物，它与事物最真、
最原初的现实至少隔着三层。

　　按照这样一种划分，图像的价值应该根据其观照现
实的程度或再-现现实的能力（也就是其"现实性"）来评
价。这里提到的图像可以是描述性的文字、画布上的油
画，也可以是（用来满足我们现在的目的的）一连串照片、
高清显示器屏幕上的 3D 图像。依此分析，苏格拉底最后
提到了两种应对中介化表象的选项。第一个选项是把图
像和图像制造者从城邦中清除出去，因为在他看来，这些
东西"是对心灵的欺骗和腐化"（Plato，1987：595b）。第二
个选项是把图像当成工具，谨慎地使用它，管理它，让它
服务于如实表象事物的现实和真正本性的目标——用今
天的术语来讲，要么搞彻底的审查，要么实行一种专业化
实践，以便满足新闻业的正统价值观，即"客观性"，以及
"公正且平衡"的表象。

　　语言的建构观把工具观颠倒了过来。语言并非表象
了一个独立的、事先存在的现实世界；相反，语言和其他

30

形式的传播创造了被我们视为世界的东西并将其带入存在之中。在此,借用海德格尔在《哲学论稿》(CTP:393)的结尾中说的话来讲,问题并不在于"语言如何与存在者相关联",而是在于"存在者如何与语言相关联"。尽管这个观念听起来似乎有悖于直觉,但它却在 20 世纪下半叶产生了巨大影响力。例如,众所周知,维特根斯坦在《逻辑哲学论》[*Tractatus Logico-Philosophicus*,Wittgenstein,1995(1922):5.6]中指出:"我的语言的界限就是我的世界的界限。"换句话说,那些我能够使用的词语,塑造、生成并限定了我所认识并活动于其中的这个世界。类似的观点在语言学家所谓的萨丕尔-沃尔夫假说(Sapir-Whorf hypothesis)中得到了进一步发展;这一假说的强形式指出,一个人所说的语言决定了他的社会现实(Sapir,1941[1929]:162)。彼得·伯格(Peter Berger)和托马斯·卢克曼(Thomas Luckmann)亦在 1996 年出版的《现实的社会建构》(*The Social Construction of Reality*)中提出,语言及其他象征形式建构了人类生存并活动于其中的现实。让·鲍德里亚则在《仿真》[*Simulations*,Baudrillard,1983(1981):1]中借用豪尔赫·路易斯·博尔赫斯(Jorge Luis Borges)的一个小故事提出了一个著名论断:"领地不再先于地图出现,而且也无法摆脱地图的掌控。地图先于领地而存在——拟像在先(the precession of simulacra)——正是地图创造了领地。"

31   在《存在与时间》中,海德格尔论及并区分了语言的工具观和建构观,为此,他对 language 和 Rede 进行了区分,后者一般被译为"言谈(talk)"或"话语(discourse)"。

对海德格尔来说,话语是更为根本的层面,是"语言的生存论-存在论基础"(BT:203)。由此看来,言谈就具有了一种建构性功能;它并非是一种用来表象世界的有用工具,而是世界得以被揭示的首要模式,是一种预先使得物体呈现出自身的东西。与此相反,语言则是话语得以被表达的方式。如海德格尔所说,语言是"词语的总体[并且]是在-世界-之中的一种物体;我们于是就与这个作为上手之物的总体打交道"(BT:204)。这意味着,"语言",至少就海德格尔在《存在与时间》中所说的内容而言,被认为是一种用于表达的工具,而它所表达的就是最初被话语揭示的东西。[2] 如果早期海德格尔像吉尼翁所说的那样在语言问题上被拉向两个相反的方向,那么这正是因为海德格尔所提及的 Rede 或话语代表了建构主义的阐释,而语言则意指工具主义的一面。

建构观与工具观之间的差异并非只是某种学术洞见,也并非只吸引了少数哲学家、语言学家和社会学家。它是一种我们在平时与媒介打交道的体验中都能认识到并理解的东西——而这个媒介既可能属于传统大众媒介,拥有一对多的形式,也可能是互联网或移动设备上的社交媒介应用程序,拥有多对多的形式。世界上发生的众多事情,例如发生在地球另一边的一场街头暴力抗议,是我们无法通过某种直接方式了解的;我们关于这些事件的知识以及我们关于它们能说什么道理,最初都是由被中介的表象构建、塑造或决定的。这种被中介的表象出现在我们面前的方式包括:报纸上的故事或消息、电视新闻节目中的报道,以及用户借助推特(Twitter)、脸书

32

(Facebook)等 Web 2.0 应用程序生成并在网上传播的信息。在这种情况下,我们也许会认为这些媒介只不过是在表象发生在世界另一边的事件,而事实上,正是这些媒介为我们创造了那些我们认为只是被表象了的现实。

传播和话语

"文本之外别无他物。"①这并不意味着所有指示物都被悬置、被否定,或被包含于一本书之中了。人们要么给出这种错误的理解,要么非常天真地相信并指责我相信这种错误的理解。但是这句话的确意味着所有指示物或整个现实都具有一种差异之语迹(differential trace)的结构,意味着人们只能在一种解释性的经验中描述这一"事实"。

(Derrida,1993:148)

德里达对由他那句著名的(亦被众人声讨的)论断——il n'y a pas de hors-texte(文本之外别无他物。)[Derrica,1976(1967):158]——所引发的普遍误解进行

---

① 译者注:有学者指出,德里达的这句名言应译为"这里(文本里)没有插图"。请参阅:曹明伦. 翻译研究也需要翻译——再谈西方翻译理论引介过程中的误读误译问题[J]. 外语研究,2012(3):67-74.就此而言,本书作者将其译为 There is nothing outside the text(文本之外别无他物)并不妥帖。不过译者在此仍采用了这种并不妥帖的译法,要体现出"文本之外别无他物"这一说法与本书提出的"技术之外别无他物"的观点(参见本书结论部分)之间的紧密关系。

了辩驳。他明确地说，他的这个论断并非是说任何东西都被包含在一本书中，以至于由存在着的事物组成的"现实世界"纯属虚构。他真正要说的是，语言记号和其他形式的传播手段并不仅仅是某种在对事物的更本原、更直接的体验基础之上的第二位的现象。Il n'y a pas de hors-texte 的意思是，语言和各种被中介的表象都不可避免地与现实展现在我们面前的方式联系在一起。世界之揭示（Erschlossenheit）是一个与此相关的海德格尔式概念，它强调的是我们对现实的经验何以必须依赖于情境，而并不仅仅是观察者与中性、客观的现象之间的一种直接相合性［direct correspondence（本书第二章将会详细论述这一主题）］。

　　上述观点无疑与语言相关，而且我们陈述这个观点的方式也进一步突显了这个观点本身的内容：当我们以词语为材料表达这个观点时，它就已经被编码了。"直接性（immediacy）"这个词时常被用来指称对存在于语言之外且未被中介的事物的直接经验。例如，我们会说，在我们（借助语言或继而借助各种其他媒介）以被中介的方式表象事物之前，首先要以直向的和直接的（immediate）方式与事物打交道。要注意的是，"直接性"这个词是通过在词根"media"之前加上否定前缀"im-"得到的。所以，就这个词本身而言，"immediacy"作为否定的东西来自"media"并与之相对立。换言之，中介化（mediation）是事物的原初和标准状态，而要想得到某种具有直接性的东西，无非就是要否定那些总是借助于中介化而获得的东西。这意味着《存在与时间》中关于时间的分析并不必然如吉尼翁所说，是海德格尔在工具主义和建构主义观点

33

之间举棋不定的结果。相反,海德格尔(在语言之中并借助语言)表达的是,人们必须同时从工具主义和建构主义的视角来正确理解被称为语言的东西。这一观点必然使人们对传播的理解变得更加复杂、微妙,而这种新的理解超出了传播研究在一般情况下可接受的范围。

受益于克劳德·香农(Claude Shannon)和沃伦·威沃(Warren Weaver)在二战结束后不久完成的突破性工作,刻画通信的主要方式就是将其视为一个二价过程(dyadic process):一个从信源或传送者一端选出的讯息被编码,并在通道或传送媒介中得到传达,最后抵达终点或接收者一端(图 1.1)。

34

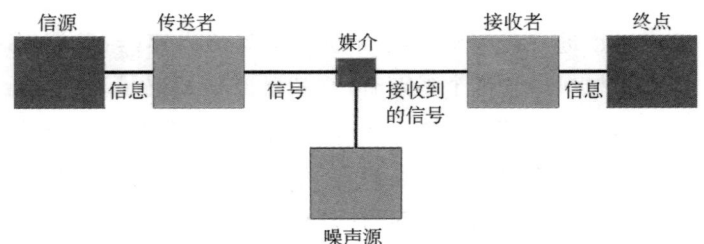

图 1.1 香农和威沃的通信模型

按此理解方式,通信就被界定成了一个传送信息或让讯息流动(从而使其从传送者处移至接收者处)的过程;并且,通信的基本任务或问题就被界定为"在某一点以精确或近似的方式再生产出一条从另一点选出的讯息"(Shannon and Weaver,1963:31)。这种刻画被有意地以图式的形式呈现出来,而陈述这一图式时使用的语言,总的来说足以描述从人类语言到以互联网为代表的高科技事物的各种东西。"当我与你对话时",威沃(Shannon and Weaver,1963:7)在该书的导言中写道:"我的大脑是信源,你的大脑是终点,我的发声系统是传送者,你的耳朵是接收者。"与此相仿,就电子邮件而言,我的电脑是信源,分组交换网络是讯息传送的介质,而你的电脑是终点或接收者。

多数传播研究已经超越了某种简单的传送模型,并且将自己的学术研究定位于关注任何"简单的"传播行为中的复杂化现象和扭曲现象——例如,人们会研究可能对传播形成干扰的"噪声",以及当"噪声"被接收时,各类接收者对该信息进行解码的不同方式,等等。不过,这个学科在很大程度上仍然(尽管不太明显)停留在香农和威沃模型的圈子中。换句话说,传播研究认识到传送模型描述了中性的传播过程的理想形式,而这一理想形式又会因日常实践中的各种危机、干扰和封锁而被复杂化。例如,任何一个严肃的传播学学者都会认识到,记者这一职业并不意味着信息能够畅通无阻地传递给大众;不过,从最好的方面来看,或者,如果适当忽略记者在工作时面对的种种障碍的话,还是可以说,记者在本质上可以被理解成一种以准确或忠实地传送信息为目标的职业。

传播可以被或明或暗地概念化为一种本质上中性的过程,这一过程的核心就是以最高效率传送信息。然而,海德格尔却反其道而行,他给出了一种建立在更广阔的存在论基础上的阐释,从根本上质疑这种在去除了所有可能障碍的理想环境中产生朝向他者的讯息流动或信息传送的传播理念。对海德格尔来说,"传播绝不意味着把一种建议或希望之类的体验从一个主体内部传递到另一个主体内部"(BT:205)。这种行为在海德格尔看来实际上作为衍生物或特例隶属于一种更宽泛的传播形式,而与这种更宽泛的形式相关联的,并不是那种在语言中并借助于语言得以发生的事情,而是存在被表达的特定方式,也就是海德格尔所说的话语——话语是一种普遍的揭示形式,而不仅仅是信息传送。因此,传播并不是——至少可以说,传播并不首先是——数据或讯息在传送者和接收者之间的传递;传播首先是一种人们共享的共—现身情态(co-state-of-mind),是"对我们意指的东西给出某种确定的特征,以便让其他人也像我们一样看到它"(BT:197)。

36

海德格尔的解读强调的是对存在的共同领会——从词源学上看,"common(共同)"与"communication(传播)"有相同的词根。人与人之间的讯息交换或体验传达过程,只是狭义上的传播,而发生在这种传播之前并使之成为可能的,正是这种对存在的共同领会。因此我们可以说,传播有两种含义,或者说,我们可以用两种方式来理解传播。海德格尔将传播的初始含义与本原的揭示相关联,与后来被他称之为"生存状态上的交流(英文 existentiell communication,德文 existentielle Mitteilung)"(BPP:297)相关联。传播的另一个含义是衍生含义,即"语言交流(linguistic communication)",它源于海德格尔在《存在与时间》中对语言的刻画。詹姆斯·凯瑞是少数几位明确意识到海德格尔的影响力的传播学者之一。在他看来,上述两个方面可用两种不同的传播视角来表述：一是传送视角，二是仪式视角。传送视角与香农和威沃分析并理论化的通信模型相仿，涉及朝向他者的讯息发送或信息传递。相较之下，仪式视角实际上产生的更早，并且正如海德格尔所说，它才是更加原初的视角。"在一种基于仪式的界定中"，凯瑞（1989：18）解释道，"传播与'分享''参与''社团（association）''团体（fellowship）'以及'拥有共同信仰'相关联。"这种界定是以"传播（communication）""共同体（community）""交流（communion）""共同性（commonness）"等词语的共同词源为基础而产生的——这些词语共有的特点就体现在"共同（common）"的理念中。类似阐述也出现在其他作品中，例如，爱米尔·涂尔干（Emile Durkheim）提到了宗教仪式中的集体欢腾（collective effervescence）[Durkheim，2008（1912）]这一人类学概念；鲍德里亚亦在《沟通的迷狂》[*The Ecstasy of Communication*，Baudrillard，1988（1987）]中描述了集体欢腾中的戏仿性收编（parodic co-optation），只不过在他的描述中这种集体欢腾的当代对等物是以模拟的、媒介的形式出现的。

　　传送视角主要与讯息的编码和传送有关，它聚焦与效率和效果有关的问题，而不是与情绪反应有关的问题。正如马克·波斯特（Mark Poster）（Poster，1995：25）所描述的那样，"要追问的是，有多少信息会被传送，噪声有多小，传送速度是多少，传送距离有多远，传送的目的地有多少个？"而正是香农和威沃的数学模型提出并尝试解决这些问题，因为这一模型正是要对数据传送的效率以及信息传送的效果进行量化。凯瑞（Carey，1989：20）借用

37

一个显然具有 20 世纪特点的例子说："如果我们以传播的传送视角来考察一份报纸就会发现，这种媒介作为一种工具被用来传播新闻、知识，有时还有娱乐内容，它的内容越来越多，可到达的范围也越来越广。"可见，传送视角关注的这些问题基本上被限定在量的方面——例如：讯息在一定地理上的距离内得以传播的数量、速度或质量（如信号—噪声比）。

仪式视角让我们能够从一个完全不同的视角来看待事物。凯瑞指出："仪式视角在考察一份报纸时会聚焦于一个完全不同的领域中的问题。例如，这种视角不太可能会把阅读报纸看作信息的发送或获取，而更可能将其看作对某一群体的融入；并不是说人们能从这种情境中了解到什么新东西，而是说，某种关于世界的特殊视角得到了描述和确认。"因此，仪式视角不涉及信息传送，而只涉及传播的话语维度：正是传播使得一种关于存在的、可被共享的特殊理解首次成为可获得的并被揭示出来。换句话说——让我们回到凯瑞的那个关于报纸的例子——"我们遇到的问题并非与讯息的效果或功能本身有关，而是与它在呈现和参与构造读者的生活和时间的过程中发挥的作用有关"（Carey，1989：21）。如果我们借用凯瑞的阐释来理解数字时代的话，那么最好的例子就是大型多人在线角色扮演游戏（massively multi-player online role playing games，MMORPGs）了。从传送视角来看，一个操作层面的问题就是，这些基于网络的应用程序在网上传送数据包的速度是多少，终端用户的系统处理数据包的速度是多少。而从仪式视角看，重要的则是这类游戏为用户提供了何种共同体验，或者说是如何对共享的（但也是虚拟的）现实进行生产和维护。凯瑞继承并拓展了海德格尔在传播方面的创造性解读，说明了这种解读何以有助于从更微妙的层次上理解媒介及其社会意义。不过，在凯瑞以前，海德格尔自己已经用复杂的方式来看待这些问题了——这一点在他对"闲言（英文 idle talk，德文 Gerede）"的分析中得到了直接体现。

推特的曾用名：闲言和常人的真正独裁

> "闲言"这个表述在此并无贬义。从术语的角度看，它意指一种积极的现象，这种现象建构着此在在日常领会和解释中的存在样式。
>
> （BT：211）

"闲言（Gerede）"源自"言谈、话语（Rede）"，在德文口语中被看成与"流言蜚语（gossip）"或"谣言（rumour）"相同，并且在英文版《存在与时间》中被译为 idle talk。按照海德格尔的说法，闲言是人类最初融入并体验语言的方式。因此，不管它起初意指什么现象，我们都不必将它理解成消极的或应受贬斥的东西。由此看来，闲言发挥着重要作用，它给人们提供了一种已然可用的情境——在这种情境中，事物拥有各自的名称，人们一般会根据其名称来理解和解释它们。不过，尽管海德格尔宣称闲言不具有贬义，但我们很难相信这也是他心里所想的。这是因为，在《存在与时间》后面的各部分中，他一直在以批判的态度分析言谈的内在属性和闲言的特征;他的这些分析强化了由 idle talk 中的 idle(随便的、漫无边际的)传递出来的贬义——尽管他自己否认这个词具有贬义。

对于言谈而言,莱索(Wrathall)解释道,对话者如实地"拾起了由对方传达的东西,双方有意愿通过与他人共享理解的某种模式而与这个世界中的人和事物打交道,而这种由人们共享的理解模式,就是人们对于世界中共同可见之物的态度,是现身情态,或者说,是对事物重要性的感知"。相反,在闲言中,"有些东西被传达,但是在这种传达中,双方无法成功地融入一种对于在世之物的共享态度中"(Wrathall,2011:111)。因此,闲言是一种无意义的闲扯,它在众人之间不断回响,但它真正表达的东西很少,甚至一无所说。闲言并不意味着人们要理解正在谈论的内容,而仅仅意味着要去听谈话本身提到了什么。值得注意的是,闲言的情况与马歇尔·麦克卢汉的名言"媒介即讯息"有着本质上的相似性。

鉴于有了脸书或推特这样的窄带广播(narrowcasting)应用程序,可以说,海德格尔的闲言概念是很有先见之明的。不过传播研究领域对海德格尔著作的关注尚局限于上文提及的宽带广播①媒介。例如,帕迪·斯坎内尔(Paddy Scannell)在 1996 年出版的《广播、电视与现代生活》(*Radio*,*Television*,*and Modern Life*)中借助此在的日常性这一内在特质来探讨宽带广播所具有的"揭示世界的功能",不过,他并未提及闲言。他还使用海德格

40

———————

① 译者注:此处将 broadcast 译为"宽带广播"是因为它与上文中的"窄带广播"构成一对反义词。

尔的本体论来支持他自己对媒介的文化目标作出的热情积极的阐释："经典社会学理论以一种祛魅的视角看待被认为是已被祛魅的世界……而本书介绍的理论则指出，这个世界（特别是宽带广播的世界）则被魅化且仍在魅化，它是有意义的，而且充满了意义。"（Scannell，1996：21）斯坎内尔在思考闲言与大众媒介之间的关联时，用海德格尔的本体论视角来说明电视被魅化的现象，这种做法是错误的。对电视这种能够进行宽带广播的大众媒介的更具批判性的阐释见于《RIU | A | TV？ 海德格尔与电视化》（*RIU | A | TV？ Heidegger and the Televisual*）这本文集中。马克·杰克逊（Mark Jackson）在该书后记中区分了"电视（television）"和"电视化（televisual）"，并写道："如果在我们看来电视意指纯直观的感受性以及本真言说的自然性，那么电视化就是电视的宿敌，是非本真的闲言、谣言、武断的言论，是回响着的闲言。"（Jackson，in Fry，1993：118）

　　闲言确实是**此在**之日常性的自然组成部分，日常性本身亦是海德格尔所说的"被抛"于世的组成部分。我们将不可避免地接受海德格尔明确表达的观点，即，作为报纸、八卦杂志、广播等媒体的共同要素，闲言是一个更广情境的组成部分，这种情境弥漫着某种削弱**此在**的平均性（averageness）："在使用公共交通工具或享受报纸等信息服务时，每一个他者都跟下一个他者差不多。共在（Being-with-one-anonther）使一个人自身的此在完全消弭于'他者'的存在中……在这种不易察觉性和不确定性中，'他们（they）'或常人 das Man 的真正独裁被揭示了

41

出来。"(BT:164)因此,日常状态中的此在——海德格尔将它与对匿名的"他们"或常人的体验联系起来——就沉迷于那似乎无休止的公共闲扯的噪声之中,并且在这一过程中远离了本真的"生存状态上的交流(existentiell communication)"。海德格尔下述这段话可适用于包括日报、互联网、移动应用程序在内的各类媒体,他说,闲言"这种事情任何人都能完成;它不仅使人免于真切领会之劳,而且还产生了一种无差异的可理解性,在这种可理解性面前,任何东西都不再封闭自身"(BT:213)。德怀特·麦克唐纳(Dwight MacDonald)表达了相似(但却更尖刻)的观点:

> 设想一下,《生活》(*Life*)这本典型的、同质化的畅销杂志……它的内容与其传播一样是完全同质化的。同一期杂志可能既有关于原子理论的严肃阐释,又有关于丽塔·海华丝(Rita Hayworth)的情感生活的专题文章;既有饥饿的韩国儿童从釜山的废墟中捡垃圾的照片,又有穿着硅胶文胸的时髦模特的照片……先是雷诺阿(Renoirs)的九幅绘画配上他儿子撰写的回忆录,然后是一匹滑旱冰的马的整版照片。(MacDonald in Rosenberg and White,1957:62)

这种"无差异的"可理解性使得齐格弗里德·克拉考尔(Siegfried Kracauer)评论说:"无聊的大杂烩正是对它的这种不合逻辑性所作的报复,尤其是那些单个的后果

都以轻率的方式被组合成了马赛克。"［Kracauer,1995 42
(1963):311］。从更广的层面讲,这就是大众媒介在恒技
术与此在对峙方面作出的特殊贡献,也正是差异性的全
面缺失使得闲言不同于本真的话语。

因此,海德格尔的批评与时代精神是背道而驰的。
人们时常简单地默认,在短时间内接触到更大量的数据
是极其重要的,会产生不一样的效果。香农和威沃的过
程模型赋予了这一假设合理性,而且得到由这一模型背
书的关于传播的传送视角的支持。电信服务提供商在其
市场宣传中推崇这一假设,还承诺将使人们以更快的速
度无限制地得到更多信息——虽然我们收到的信息越
多,我们听到或看到的就越可能只是一些重复的东西。
有线电视上的 24 小时新闻频道越来越多,实时更新的网
站和博客越来越多,让我们能够随时随地获取并下载信
息的移动应用程序越来越多;不过,我们得到的并不是必
需的新闻,而是看上去永无休止的闲扯,其时效性(以及
新闻价值)是十分值得怀疑的。彼德·斯洛特戴克［Peter
Sloterdijk,Sloterdijk,1987(1983):312-313］亦沿此思路
指出:"媒介能够提供任何东西,这是因为媒介不动声色
地放弃了既要给予事物又要理解事物的野心。媒介拥有
任何事物,只因它不理解任何事物。媒介能够谈论一切
事物,却无法对这些事物发表任何看法。媒介厨房每天
都给我们提供加了各种配料的现实菜肴,但是每天的菜
吃起来都是一个味道。"

不过与此同时,我们要认识到,海德格尔对媒介的批
评本身,也可以被指责为只是在重述和再造关于媒介技

术的批判,而这种批判,至少可以追溯到柏拉图的《斐德罗篇》(*Phaedrus*)。《斐德罗篇》对书写进行指摘,但这种指摘却以书写这种形式存在,并且是通过书写完成的——这预示了着口头表达这一传统建制和文化的主导形式注定会衰败。海德格尔的这种视角的问题在于,它似乎就是在重述或再造那些已经存在且随时可用的哲学流言,那些与媒介相关的闲扯。用戴维·德万(David Dwan)的话来讲:"海德格尔关于大众传播的观点似乎本身就是陈腐的,他宣称鄙视闲言,但他自己却参与其中。"(Dwan,2003:14)为了解海德格尔的观点是否陈腐,我们还需进一步考察中介行为(不管它是借助语言还是借助技术)与人类所独有的基于语言的生存模式之间的关联。

语言和"语言"[3]:中介与对存在的敞开

> 语言现在被视为某种交流,它服务于谈话和协议之达成——总的来说,就是服务于交流。不过语言并不仅仅是,也并不主要是一种关于可被传达之物的可听可写的表达。语言也并不仅仅把人们有意地以或明或暗的方式传达的东西以词语和陈述的形式表达出来;正是语言首先把作为某物而存在的某物带入敞开之域中。在没有语言的地方,例如,在石头、植物和动物的存在中,也就没有存在者的敞开性,因而也就没有不存在者的敞开性和空无(the empty)的敞开性。
>
> (OWA:73)

人们常对海德格尔早期思想和晚期思想作出区分，与这种区分相关的重要因素是海德格尔在研究视角和思考上的明显转变，这一转变被称为"转向（the turn）"，或die Kehre。人们对这一"转向"的确切本质和意义有一定争议（此议题请参阅：Richardson，2003；Sheehan，2001）。不过，一个没有争议的事实是，语言尽管在海德格尔的《存在与时间》的研究中只是一个边缘性话题，但它在海德格尔 20 世纪 30 年代中期及以后的文本中却占据着中心地位。可见，在"转向"之后，不仅语言在海德格尔的思考中变成了一个明确主题，而且他对语言的思考似乎也在转变，而导致这种转变的核心问题在于语言揭示了什么，而不在于语言传送了什么。这两者之间的关键区别无疑构成了媒介与此在之间关系的核心，海德格尔将这种关系描述为一种人类曾经体验到的揭示模式。上述引文无疑展示了海德格尔对作为敞开性的揭示的关注，而这段引文就来自海德格尔于 20 世纪 30 年代中期写就的若干篇连通其早期思想和晚期思想的文章之一：《艺术作品的本源》（The Origin of the Work of Art）。

在这段富有启发性的引文中，至少有两点值得注意。第一点，海德格尔以一种特别的方式使用"语言"这个词，它似乎既指表达工具，又指对存在之原初揭示/中介。海德格尔强调说，语言不仅是可听可写的表达工具，而且还是，并且主要是首先将事物带入揭示之开放性中的东西。可见，与《存在与时间》不同，《艺术作品的本源》明确地从术语的角度进行了区分：一个是作为表达工具或手段的 language，另一个是作为本原之揭示的 discourse 或

Rede。事实上,海德格尔在思想上的转变能够从一个方面显示出来,那就是,尽管 Rede 在《存在与时间》的分析中占据着如此重要的地位,但是在海德格尔晚期思想中这个词却几乎再也没有出现过。我们可以说,海德格尔在"转向"后不再谈论言谈了。

第二点,对语言给予更多重视这一点至少可以从两个不同方面加以解释。一方面,读者一直认为,海德格尔思想发生较大转变的一个标志就是开始对语言加以关注。莱索(Wrathall,2011:123)解释道:"对海德格尔的标准阐释似乎是这样的:早期海德格尔并不是一个语言立宪主义者(linguistic constitutionalist),不过,在其广受批评的思想'转向'过程中的某一点上,他就成了这样一个人。"这种解释还可见于克里斯蒂娜·拉丰(Cristina Lafont)的《海德格尔、语言与世界之揭示》[*Heidegger, Language and World-Disclosure*,Lafont,2000(1994)]。拉丰认为,海德格尔最终表达了一种语言观念主义思想:

> 他(海德格尔)将宣布语言是处理上诉的法院(就像"存在的家园"一样),它会预先裁决什么能够在这个世界中与人照面。随着语言揭示世界的功能被具体化,事物之所是便成了只有仰仗**特定语言才能够偶然地向历史上的某个语言共同体**呈现出来的东西。因此,不仅是说内在于语言的世界之揭示成了评判在世界之中的知识的最终权威,而且预先使得那些知识成为

可能的正是这种揭示。[Lafont,2000(1994):7,
此处强调为原文所加]

　　依此阐释,语言本身就带有揭示性。这不仅是说,语
言塑造并决定了那些能在世界中与人们照面的物体,而
且,鉴于在上述解读中语言被理解为一种特定语言(德
文、古希腊文、拉丁文等),在不同的语言共同体中,能够
被揭示出来的东西也是不同的。于是这就意味着,不同
的语言成就并揭示不同物体的存在,或者至少可以说,不
同的语言以不同的方式为存在者或进入存在之中的东西
设定框架,为它们去蔽。这一观念不仅仅是一种抽象的
理论洞见,而且也借助海德格尔那种常被批评者诟病的
表述方式被切实地用于他自己的分析中。海德格尔为人
所熟知的(但亦被人们指责的)一点是他能够找到并借用
外文词汇——如古希腊文中的 λόγοs(逻各斯,英文
logos),而他这样做的原因就在于这些词语能够直指并揭
示某种人们无法借助翻译过来的词语("ratio""reason"
"logic""rationality"等)来通达的东西。海德格尔借助 *46*
"外文"词语并不是为了显示自己机智、聪明或有学者风
范;他这样做只是因为这些词语给予了他通达某些独特
东西的特权,这些独特东西只能存在于并借助某种特殊
语言才能得到揭示。
　　不过上述解释似乎把话题扯得太远了。按照莱索
(Wrathall,2011:124)的说法,"某些东西的确在'转向'后
发生了变化,不过这一转变在很大程度上与'语言'这个
词到底意指什么相关,因此并不能简单地说,海德格尔关

于语言在我们通达世界的过程中发挥的中介作用或建构世界的作用的看法发生了转变。"根据莱索的理解，海德格尔至少赋予了"语言"这个一般性概念两种含义：原初语言（originary language）和普通语言（ordinary language）（Wrathall,2011:155）。普通语言就是在《存在与时间》中被称为"语言"的东西。海德格尔在一篇名为《语言》的文章中解释说，这里的语言与以下三条假设相关：

1. 语言首先是一种表达，相当于把内在心理状态"挤压出来"，使之变成某种外在的表层显现。
2. 语言被看作一种人类行为。"相应地，我们只能宣称，人类是在言说，并且人类总是在说某种语言。"
3. 这种"人类表达总是对现实和非现实的东西进行呈现和表象"。（LAN:192）

　　海德格尔随即指出，这种刻画并非是错误的。他写道："语言可以被视为内在情感的外在表达，一种人类行为，一种借助图像或概念的表象。没有人敢说这个说法是错误的，更不可能宣称这个说法无用了。这种关于语言的观点是正确的，因为它与对语言现象的研究总是能够得到的结论相符。"（LAN:192）不过，请回想一下，这种关于普通语言的观点无非是在重述语言工具主义的观点，并没有穷尽"语言"这个词的所有含义。

　　语言的作用并不局限于工具主义的层面，它还在逻各斯的更深、更本原的层面发挥作用，首次将物体作为其本身揭示出来，将其从遮蔽中带出并带入敞开之域。语言的这一更为本原的方面被莱索称为原初语言，因为正是这一方面使得物体得以在其存在中作为其本身成为可通达之物。《存在与时间》所做的（也许还相当不完整的）尝试就是借助 Rede 来展开对语言本原方面的分析。并且，早在 20 世纪 30 年代中期甚至以前，海德格尔就已将这种本原维度与诗联系起来。在 1934 年一次关于逻辑的讲座中，海德格尔（LET：141）得出结论说，语言的本质

> 宣示自己的存在。但这种宣示并不发生在它被错失、被铲除、被扭曲的地方，也不发生在它被迫成为交流工具、沦落为所谓内在东西的表达的地方。语言的本质仅在其成为塑造世界的力量时，才发挥其作用；或者说，它仅在预先运筹并整合存在者之存在时，才作为本质发挥作用。原初的语言就是诗的语言。[4]

分析哲学家在批评海德格尔的作品时总是强调海德格尔只能求助于非分析性语言。不过对海德格尔来说，真正的诗歌语言的一个独特属性就是能够以某种方式让我们关注作为中介的语言本身，以及这个中介是如何运作的。

因此，按照莱索的说法，晚期海德格尔文本中使用的"语言"这个词包含两个不同的方面。以此来看，莱索所说的"原初语言"和"普遍语言"之间的差异持续地推动着 *48* 海德格尔思想的发展，而这正是海德格尔最初试图在《存

在与时间》中描述的东西。可见,海德格尔思想的转变并不是某种革命性的转变,而是一种演化发展的或趋于成熟的过程。进一步看,海德格尔那个极具迷惑性的表述"语言说话",也能借助原初语言和普遍语言之间的差异而得到更好理解。海德格尔并不是非要否认语言可被视为表达工具这一平常观点。这个表述实际是要说明,在其原初维度中的语言首次使得物体的存在成为可通达的;原初语言(也就是被人类说着、用着的语言)也并不是我们能够选择要或者不要的东西,而是某种首先使得我们能够获得人类之特性的东西:"语言说话。鉴于人类相合于语言,人类说话。"(LAN:210)换句话说,语言本身就会说话,而我们在说普通语言时就是在尝试着回应那存在于语言中并借助语言得以被本原地言说的东西,并且要为这些被言说的东西负责。上述观点与媒介研究有明确关联,因为这一观点引发了如下问题:我们既要对我们所说的话负责,也要对具有中介作用的语言如何来言说我们负责。

反实在主义的两个版本

> 所以,我反对,我忧虑地看到:
> 语词破碎之处,无物存在。
> [斯蒂凡·格奥尔格(Stephan George),《词语》(*The Word*),1919 年,转引自《语言的本质》(NOL:60]

概括说来,晚期海德格尔思想中存在着至少两种对语言的阐释,这两种阐释是相互竞争的,它们各自给出了所谓"反实在主义"的一个版本。其中一种阐释表明,海德格尔是一个语言立宪主义者或语言观念主义者,因为他是在以激进的方式反对并远离他之前在早期著作中发展的思想。另一种阐释表明,晚期海德格尔让《存在与时间》中的创造性思想保存了下来,并通过对语言的考察使这些思想进一步发展并深化。我们的任务并不是一定要判断这两种阐释哪一个正确,或为其中一种背书而反对另一种。相反,对于我们的研究目的来讲,更为重要的是,这两种阐释会以何种方式展开对媒介的理解,它们又会以何种方式有效改变研究现状。

从语言立宪主义的视角(也是吉尼翁、泰勒、拉丰等人的视角)看,海德格尔的观点影响了我们切入和理解媒介的方式。这体现在以下三个方面。

第一个方面:观念主义

海德格尔显然是想努力颠覆人们对于实在主义的一般看法。按照实在主义的预设,现实事物真实地存在于现实世界之中并且借助各种中介形式以不同的精确程度得以表象。海德格尔断言:"词语和语言并不是可以装下各种事物的外壳,以便用于口语交流和书写交流。简而言之,在语言中,事物首先得以存在并成为它们自身。"(ITM:15)按此方式理解,事物、人和事件所在的这个世界并不是预先就存在的,然后被语言或其他形式的中介表象的。相反,被预设为存在的世界——那些构造了我们共享的现实感的事物、人、事件——总是已经被提出、被建构,而这正是语言的效果。这样一来,对于传播研究和现代认识论来说,一个重要的问题便产生了:事物存在于我们被中介的体验之外吗?这个问题涉及事物的现实性或存在,或者说,涉及物(the Thing)自身,也就是那不仅仅是被中介的对象,而是超出这一中介化、比这一中介化更多的东西。正是这个问题越来越多地占据了海德格尔的思考(第三章将会对此展开细致分析)。

需要强调的是,这种特殊的理论阐述与"自生成性(autopoiesis)"相呼应。后者作为二阶控制论中的概念在洪贝尔托·梅图拉纳(Humberto Maturana)和弗朗西斯克·瓦雷拉(Francisco Varela)的著作中得到了阐述(Maturana and Varela, 1980)。N. 凯瑟琳·海勒(N. Katherine Hayles)(Hayles, 1999:136)写道:"声称世界客观存在是有误导性的。这是因为,关于世界的观念本身意味着,某个领域在它被观察者建构以前就已经存在了。的确,是有某些东西存在'在那里',鉴于缺少更好的表述,我们可以把这个存在在那里的东西称为'现实'。不过,这些东西若要成为对我们(或任何其他活着的生物)而言存在着的东西,**只有借助于生命体的自行组织。**"(强调为原文所加)海德格尔把控制论视为某种第二性的形而上学(OGS:59)——当然,他只可能了解由发起人诺伯特·维纳(Norbert Wiener)阐述的控制论的最初形态。不过,"自生成性"这个词却非常重要,因为它与海德格尔对诗性(the poetic)的理解相关(实际上,这种关联在很大程度上体现在字面上):从原初的、词源学的层面看,诗性可被理解为"poiesis"——"制作"或"带上前来"。海德格尔引用德国诗人弗里德里希·荷尔德林（Friedrich Hölderlin）的诗句写道："人，诗意地栖居。"（PMD：213）

第二个方面：多重现实

被中介的表象可分为不同类型，或者用控制论的术语说，"组织复杂性（organizational complexes）"分为不同类型；正是这些不同类型提供了各种不同的现实以及通达这些现实的路径。比如说，各种地图并不仅仅表象某块特定领地的不同方面，按照凯瑞（Carey，1989：28）的说法："不同的地图把同一个情境以不同方式带入活生生的状态中，并创造了各种相当不同的现实。因此，生活在不同地图的视野中，就相当于生活在不同的现实里。"在政治上趋于保守的福克斯新闻（Fox News）与它偏向自由主义的对手微软全国广播公司（Microsoft National Broadcasting Company，MSNBC）会报道同一个事件（比如，美国总统候选人辩论），但是，二者所提供的世界图景时常是相当不同的，以至于一家媒体的观众所居于其中的现实完全不同于另一家媒体的观众。

于是，现实的斗争——针对现实本质的斗争——就在媒介中上演了，或者说，在媒介上呈现了出来。正是媒介塑造了我们居于其中的现实，并且媒介也绝非是对直接"在那里"的世界的第二性的反映，或如影随形的东西。这就意味着，创制和部署媒介的能力并不仅仅涉及传播不同且相互竞争的世界图景，还涉及构建一个完全不同的世界。海德格尔在《世界图像的时代》（The Age of the World Picture）一文中说道："'图像'首先会让我们想到某种东西的复制品。相应地，世界图像也可以说是一幅关于整个世界的绘画。不过，'世界图像'意指的东西不仅是这些。我们用世界图像来意指世界本身，意指如其所是的世界……"（AWP：129）以此来看，媒介就不仅仅是事先存在的世界的图像或复制品，而是图像化这个世界的工具，并且能够对这个世界本身的现实施加其实际的影响力。

第三个方面：真理理论

关于语言的建构主义视角对于真理的概念和理论（这是下一章的主题）有着重要而不容忽视的影响。通常情况下，我们需要评估并判断一段陈述或其他形式的被中介的表象的真实性，这些形式包括新闻报道、脸书或推特上跟世界事件有关的帖文等信息。当进行这种评估时，我们问的问题正是柏拉图在他的后期著作《理想国》中提出的那个问题——报道提供的信息是否以及在多大程度上与现实事物或事态的现实状态相符？这正是互联网用户——比如，维基百科（Wikipedia）的用户——希望了解的东西。这是因为：在这个开放的百科全书中，词条可以被任何人修改——不管这个人是不是有关方面的专家；那些细致挑剔的用户被建议去核查信息以确认这些网络资源是否准确，或者说，是否是对事物好的且值得依赖的表象。不过，如果说现实本身就是由被中介的图像建构出来的，那么关于真理的问题就无法被表述为对事物的描述是否与直接现实相符了。相反，关于真理的问题将被表述为事物是否以及在多大程度上与表象相适应。由事物、真理以及技术（特别是表象的技艺和技术）组成的哲学概念复合体是本书接下来的章节将要深入探讨的主要内容。不过，就现在而言，重要的是要看到，鉴于海德格尔能够直面语言这一主题并对其进行思考，我们就应该跟随他的脚步来看看以上这些概念何以被语言所中介。

　　莱索阐释了海德格尔对语言进行分析的视角。我们可以以此来对媒介进行概念化。这种对媒介进行概念化的方式可以在并不诉诸某种形式的语言观念主义的情况下辩驳关于实在主义的假设。从这个角度来看，海德格尔早在《存在与时间》发表时就已经肯定了以平均化的日常方式对事物所作的理解。无疑，交流工具——无论是口语还是其他的人类表达形式——都被认为是任由我们使用，以便表象事物或外化我们的思想的工具。海德格尔进一步强调说，这种对于语言的一般化理解并不是错误的，但却是不充分、不完整的。他指出，语言有其更为本原的一面，而正是这更为本原的一面使得事物得以被揭示，并作为其本身成为可通达之物。正如特里·伊格尔顿（Terry Eagleton，Eagleton，2003:55）解释的那样："对海德格尔来说，语言并不仅仅是交流工具，也不仅仅是一种用来表达'观念'的、第二位的工具。语言是一个使人类生活得以前进的维度，一个首先把世界带入存在的维度。有语言的地方才有那个对人类而言可以被看作是'世界'的东西。"人们也许倾向于把这种观点看作反实在主义的另一种形式，而就对语言进行理解并对媒介进行概念化而言，这种观点的重要影响至少体现在以下三个方面。

第一个方面：关于技术的追问

将语言视为工具的视角使得我们能够在分析普通语言的时候参考对技术的分析——特别是海德格尔对技术的"工具性质和人类学性质"（QCT：5）的描述。按此方式理解，语言可被视为用于实现目的的工具、一种中介。因此对海德格尔来说，在普通语言与工具主义视角下的技术和媒介之间存在着一种内在联系。这种"技术语言"（海德格尔在1962年的一次讲座上用到了这个名称）（TL：129）在控制论这样一门关于控制和通信的普通科学（Wiener，1961）中发展出了最终形式——这里所谓的"最终"，被海德格尔（EOP）理解为"完成（completion）"或"实现（fulfilment）"。对海德格尔来说，控制论不仅将语言化约为通信，而且还将通信化约为信息传送——这种传送是一个完全可计算的过程，并且，让机器来完成这个任务会比让人类有机体来完成这个任务更好：

54

        一个机器要完成反馈这一技术过程。这一过程的特征是包含一个调节电路再加上一个人声报告系统（当然，也可能会有在技术上比人声更先进的东西）。这就是为何所有关于语言的技术理论在其最后（如果不是从一开始的话）都要解释说"语言不是只有人类才有的特征；在某种程度上，人类与他所制造的机器共享语言"（Wiener，1950：85）。在预设语言所独有的东西

可被化约为（或者说，坍缩成）纯粹的传送或信号的报告这一前提下，上述论断才说得过去。（TL：141）

此类技术理论将语言看作一个中性的传播介质，作为消息和信息的传送者。事物是被语言中介化了的，因此，如果我们预设语言是中性的并因此而忽视了事物是被中介化了的，就会限制对那些可能的或具有规定性的事物的批判性分析。无处不在的技术化在《存在与时间》中几乎没有被提及，但它却是晚期海德格尔思想的核心议题。我们将在接下来的三章中以各种方式回到这个议题上来。

第二个方面：诗歌语言

普通语言与信息论和技术的工具主义视角相关联，但是信息论和技术的工具主义视角作为一种特定理论框架或信条并非是唯一一种能够与语言产生关联的东西。同样是在 1962 年的讲座上，海德格尔（TL：142）指出，我们可以觉察到有某种"传统语言"的残余存在于语言本质的所有技术变换之后，这种"传统语言"正是"对原初东西的保存"。因此，我们有望对作为技术工具的普通语言进行重新规划，为它赋予新的意义，以便重新发现原初语言或找到通达它的道路——对海德格尔（TL：142）来说，"这正是诗人的工作"。在他看来，使诗歌不同于其他事物的最根本一点，并不是诗歌包含深刻的洞见。这并不是说，诗人对事物拥有某种独特而深刻的看法，并且由于

55

某种原因,其他人(哲学家、科学家、理论家等)就没有这种看法;这也并不是说,有什么东西只能用诗的形式来表象。相反,让海德格尔感兴趣的是,诗歌是极其表面化的东西。诗歌之所以重要,就在于它如何处理语言材料或普通语言的物质性,它如何在这一过程中冲破障碍,打开语言之本质或原初维度(或至少是指出可以通达这一维度的道路)。因此,诗歌对海德格尔来说是一个符合理想的东西,是一种负责任的回应;或者说,诗歌融入语言材料之中,对在逻各斯之中并且借助逻各斯被本原地说出来的东西进行回应。尽管诗歌对海德格尔来说只不过是印在书页上的词,但这并不妨碍我们扩展他的分析并从更广的意义上阐释诗歌这类东西,以使其能够涵盖其他类型的诗性作品,包括音乐、实验电影、视频艺术、数字媒介艺术、电脑游戏等。海德格尔的思想邀请我们去追寻这些可能性。

第三个方面:再思考真理

与其他关于语言的阐释相比,上述阐释还使真理问题发生了转变。不过,上述阐释不同于语言立宪主义:后者仅仅对人们平时所理解的过程进行了倒转,并用某种观念主义代替了被普遍接受的实在主义;而在前者中,真理要从根本上被重构。鉴于语言所具有的原初的揭示作用或去蔽作用,"真理"就不再被定义为对事物与表象之间相合性的测度。换句话说,真理并不意味着要评估一个关于某物的陈述在何种程度上表象了现实(这是实在主义的观点),也不意味着要评估某物在何种程度上吸收

56

了它的象征性建构(这是语言观念主义的观点)。相反,真理被重构为对存在者的去蔽。伊格尔顿(Eagleton,2003:55)解释说:"语言总在单个主体之前存在,而他/她就在这个语言领域中行事;说语言包含'真理',并不是说语言是用来交流准确信息的工具,而是说语言是一个现实为自己'去掉遮蔽',并把自己呈送给我们的沉思的地方。"这种观点引入并运用了关于真理的反实在主义理论,而这种理论并不应被简单视为某种一般的观念主义或建构主义观点。就我们的研究目的而言,我们要特别指出的是,这种观点引发了一系列涉及被中介的表象的深刻问题:那些涉及被中介的表象的说法在技术层面是正确的(如"摄像机不会说谎"等),但是,对于海德格尔的研究视角而言,这些说法却是很成问题的。本书下一章将对海德格尔思考真理的独特视角进行考察。

结论:媒介中的现实

海德格尔的研究规划和视角前后发生了重大变化。不过,无论是对于早期海德格尔还是晚期海德格尔来说,语言都是一个关键议题(当然,厘清海德格尔在语言问题上的明确态度对我们来说并非易事)。一方面,他对语言的看法并不是完全一致且连贯的。可以说,他对语言的理解并不是静态的,在他的研究生涯中不断在演化发展。更让人感到棘手的是,他自己的语言,也就是他自己用来谈论语言的言辞也不是固定的,也是在不断变化——语言于是就显得像是一个自己有活动能力并且在不断移动

57 的主题。另一方面,语言在晚期海德格尔思想中逐渐占据中心位置,而且他自己在写作时用的语言也在形式上和内容上融入诗歌中。这种情况的结果是,人们对晚期海德格尔的阐释有相当大的差异;他的思想在人们看来要么是在支持语言立宪主义的某种高级版本,要么是在支持某种反对观念主义并且拒绝化约成单纯的观念主义的反实在主义。

那么,在上述观点中,事物到哪里去了? 让我们以三条概括性的说明结束本章内容,这些说明对本书接下来的各章具有重要意义。

第一,媒介之外别无他物

无论是在时间顺序还是在地位方面,语言都是"第一"介质。如果说语言是一种原初的去蔽,是物体在其存在中得以被揭示的方式的话,那么,任何得以存在的东西,任何已经存在并被看作某物的东西,都只能借助语言中介并在这种中介中存在。反过来讲,任何事物,如果它多于语言或在语言之外存在,那么可以说,它就只能是非-事物(no-thing)。海德格尔(NOL:62-63)在名为《语言的本质》(The Nature of Language)的文章中解释说:

> 仅当与事物对应的词语被发现时,事物才成其为事物;仅当这时,事物才存在。因此,我们必须强调:当缺少词语的时候,也就是说,当缺少名字的时候,事物就不存在。将存在赋予事物的正是词语……仅当合适而有效的词语被

用来命名作为存在者的某物时，即当某物因被
赋予了名称而被确立之时，某物才存在。
（NOL：62-63）

正如我们在本章开头所见，以上引文完美地阐释了
德里达那颇有争议的说法：文本之外别无他物。不过就
我们的目的而言，我们最好用更具概括性的形式来表达：
媒介之外别无他物。

第二，递归式再中介

58

鉴于语言之外只有非—事物，我们也就不可能"跳出
语言"。换句话说，我们不能阐发某种元语言学的观点并
占据此类立场。这是因为，如果我们这样做的话，就相当
于以此立场为平台，站在语言之外并以超越语言的方式
去反思并谈论语言。[5]一切事物都已经被锁入这一语言
回路，无法逃脱。或者，正如本章开头提到的非法知识发
展基金会的格言所说，人们在谈论媒介时总是已经被置
于媒介之中了。我们要重申的是，这一观点并不必然意
味着某种"循环论证"问题，而正是海德格尔帮助我们对
循环论证的问题进行了深入思考。

在《存在与时间》的开头，海德格尔提醒人们注意，分
析工具本身也是被分析对象的一部分——这并非是什么
特殊的、个别的问题。正如张正平（Briankle Chang）
（Chang，1996：ix-x）所说："各个领域（如：心灵哲学、语言
哲学、文化人类学）的作者都要面对的一个认识论上的两
难处境是，研究对象暗示了研究行为，决定着研究的可能

性。"海德格尔(BT:195)解释说,在这些情况下,"起决定作用的行为并不是跳出这个圈子,而是以正确的方式深入其内部"。我们要想以正确的方式进入圈子内部,首先就要认识到,我们的尝试总是在诸事物/媒介之间(in medias res),简单来讲,就是在诸事物之中。人们预设直接性具有优先地位,或者说,预设存在着某种超越中间环节的、元语言学的观点;然而,这种预设只是个幻想。

上述洞见意味着:一方面,人们无法逃避媒介——当然,这并不一定意味着虚无主义或自恋,而只是意味着媒介研究应该被定义为某种自反性的尝试,人们在媒介之中思考媒介,以便讲出一些关于媒介的东西。这种递归式尝试已被杰伊·戴维·博尔特(Jay David Bolter)和理查德·格鲁辛[Richard Grusin(Bolter and Grusin,2000)]界定为"再中介化(remediation)"。这两位作者明确指出,任何媒介的内容都只会是媒介的另一种形式。这一洞见来自马歇尔·麦克卢汉(McLuhan,1995),而后者的理论又以哈罗德·英尼斯(Innis,1951)的开创性研究为基础。另一方面,媒介研究本身是个自反性的学科,而且必须把这一自反性坚持下去。换句话说,媒介研究不该再为天真的实在主义主张背书,也不该再把自己的尝试视为对被中介的表象相较于事物之真实存在的正确性的评估。媒介研究将会成为一个思辨学科……否则,它就什么都不是。

第三,反实在主义

我们可以把海德格尔视为一个严格意义上的语言立

宪主义者,或者说,海德格尔相信,我们的世界的现实是某种以我们所使用的词语、符号或其他形式的介质为基础而被设定、被领会或被建构出来的东西。我们也可以把他的思想解读成某种完全不同于观念主义立场的标志性主张。不过,无论我们以何种方式解读海德格尔,能够确定的一点是,海德格尔要批驳实在主义的那种标准的、操作化的预设,要打破它并对其进行彻底重构。对媒介和媒介研究领域来说,海德格尔的确是一个改变游戏规则的人。上千年来,关于表象的实在主义式的理解和某种特殊的柏拉图式的理解都没经受过太多挑战和质疑。然而,海德格尔在批驳实在主义的假设时,不但与柏拉图以及柏拉图之后的形而上学传统相决裂,而且还质疑了真理的传统概念。传统上,真理被当成正确性、相合性、忠实性和可证实性;现代科学同样以此方式看待真理。一旦我们离开实在主义的幽灵,所有的希望都落空了。所有问题都要被重新思考,而其中重要的一条就是:真理指的是什么? 物是什么? 还有,媒介何以是值得信任的东西? 这些将是本书接下来几章的话题。

60

注释:

　　[1] 总的来看,在西方思想史中,语言这个议题曾长期占据突出地位,而言语就更是重要议题了。这正是德里达以逻各斯中心主义(logocentrism)命名并尝试加以研究的现象。"对亚里士多德来说,"德里达在《论文字学》(*Of Grammatology*)[Derrida,1976(1967):11]中写道:"言语(ta en te phone)是心灵体验(pathemata tes psyches)的符号,并且书写是言语的符号(De interpretatione,1,16a,3),这是因为,声音,作为第一个符号的创造者,与心灵有着本

171

质的且直接的贴近性。作为第一个能指的创造者,言语不仅仅是
172 众多能指中的一个。它代表了'心灵体验',而后者本身又通过自
然相似性反映事物或成为事物的镜像。"按照德里达的说法,逻各
斯中心主义已融入包括海德格尔哲学在内的整个西方哲学中。

[2] 人们也许有理由问,为什么海德格尔要使用 Rede 这个词
呢?这个词——特别是在它被翻译成"言谈(talk)"的时候——听
起来似乎不像"语言"这个词那样"高贵"。毕竟,至少自 20 世纪中
期"语言转向"得以确立以来,语言就成了一个被人们偏爱的哲学
概念。对这一问题的回答可以从一个对海德格尔有着特殊意义的
古希腊词语中找到:λóγοs,用我们更熟悉的拉丁字母来表示就是
logos。海德格尔正确地指出,这个词语主要被译为 logos(逻各
斯)、reason(理性)、rationality(理性)以及 word(词语)。译成 word
的一个例子是,《圣约翰福音》的第一句就是 In the beginning was
the Word [logos](太初有道)。在海德格尔看来,这个词语的字面
意思就是"词语",而古希腊思想尝试借其表达的是一种对于存在
的更本原的揭示,这种揭示此后被海德格尔(EGT:66)称为"纯粹
的让-在面前-共同-出现(letting-lie-together-before)"或者是"就其
出现在那里而言,自行出现在我们面前的东西"。海德格尔就将这
种原初的揭示称为 Rede,因为这个德文词语无论是在具体形式上
还是在词源学方面都与拉丁文中的 Ratio 相仿,而后者在整个哲学
史上都被视为逻各斯的标准翻译。本书第 4 章将对 Ratio 的全部
内涵进行充分探讨,而我们要探讨的众多问题之一就是,Ratio 的
本原概念何以发生彻底改变,它在存在之去蔽中的本体论作用,何
以坍缩为对大众文化的标准属性的反映——例如,在齐格弗里德·
克拉考尔(Siegfried Kracauer)的《大众装饰》(*The Mass Ornament*)
对工业文化所作的批判中,Ratio 就是一个关键概念。

173 [3] 这个词组直接取自海德格尔为 1939 年本科研讨班所作
的记录《论语言的本质》(*On the Essence of Language*,OEL:27)。

[4] 此后,在《走向语言之途》(*The Way to Language*,WTL)

中,海德格尔又对原初语言和普通语言进行了区分,并称前者为"说(英文 saying,德文 Sagen)"。

　　[5] 对海德格尔来说,人们在元语言学方面的成就(特别是分析哲学传统中的成就)无法超越语言和语言学,相反,这些成就却使语言得到了最终实现。"对语言进行元语言学的分析现在在英美国家变得相当流行。'元语言'的创造绝不意味着摆脱语言学并得到解放,而是意味着语言学的完美实现。"(BFL:153)

被中介的真理

第二章

引言:真实的、正确的以及被偷走的手推车

在无蔽状态中,自然将自身呈现为一个在各种力量作用下的**计算复合体**;可见,无蔽状态确实允许某些**正确论断**产生。正是这方面的成功使得危险被留存了下来:在各种正确的东西中,真实的东西却隐退了。

(QCT:26)

让人感到讽刺的是,虽然真理在海德格尔的著作中扮演着核心角色,但是他对技术所进行的哲学分析却时常被人们错误地理解和讲授(当然,真理在他思想中的核心地位也许恰恰是造成这种误读的原因)。作为一个思想家,海德格尔时常因使用难以理解的散文式辞句而被批评。不过,上述引文却以清晰而简洁的方式总结了真理在海德格尔心中的重要地位:真理与技术有某种特殊关联,我们接下来将把这种关联拓展到我们特别关注的媒介技术方面。以上引文包含两个与当代媒介环境高度相关的议题:

第一，什么东西可能是**正确**的，什么东西最终是**真实**的，这两者的概念有所不同。电脑绘图技术（computer-generated imagery，CGI）能清楚地展示这种差异，它现在已经成为好莱坞大片的标志。电脑绘图技术能够生成令人印象深刻且可信的图像（比如，其内容可能是正在破坏美国主要城市街道的巨型机器人）。说这些图像是正确的，是因为它们完全令人信服，但实际上它所描绘的无非是被编造、被幻想出来，然后再由电脑仿真技术生成的东西。以前，现实与此类想象性编造之间的差异是明显的，除了**错视画**之外，没有什么会使人在分辨时感到困惑。而如今，两者之间的差异就不那么清晰了。鲍德里亚（Baudrillard，1984）（时常被人们误读为造假的支持者）提出的**仿真**概念刻画了现实与其表象之间的相互累加。在这种累加作用下，人们已经不再能轻松地分辨出何为现实，何为图像了。

第二，一个必然出现的两难情况是，真理之所以隐匿，不是因为它被努力掩盖了，而恰恰是因为——颇为矛盾的是——它被过度丰富的正确性替代了。在《大众装饰》中，齐格弗里德·克拉考尔（Siegfried Kracauer）借助他自己的观察简要阐述了这一洞见："人们在插画杂志中看到的正好是这些杂志不让他们看到的。"［1995（1963）：58］。近年来的真人秀节目亦诠释了这一观点，这是因为，虽然真人秀节目的内容是极其明白易懂的，但却（讽刺地）遮蔽了它意欲展示和去蔽的真正现实。

将以上两点合并在一起考察，有助于我们在中介化、表象以及对事物的技术化界定这三者组成的关联体中觉

察到,真理时常以我们在大多数时候未意识到的方式屈
从于正确性。我们对本章开头的引文进行全面分析就可
以看到,**"在无蔽状态中,自然将自身呈现为一个在各种** 63
力量作用下的计算复合体"所要说明的就是,在这个技
术—科学时代,我们倾向于把我们周围的世界看成是一
个与生俱来就可测量的,由原因和结果组成的相互关联
体——计算复合体。当我们明确思考并描述这些原因和
结果时,我们无疑是在制造一系列"正确的论断"。不过,
尽管这些论断也许是精确的,但它们却依然缺少能够超
越**"仅仅是正确而已"**的东西——海德格尔在别处便用了
这种表述(QCT:6)。海德格尔虽然只是巧妙地使用了
"仅仅"这个词,但却传达出了这一哲学洞见的反直觉力
量。两千五百年来,那种草率的分析方法都在要求人们
把真理等同于正确性,而当下依然如此。但是,海德格尔
就从这当中看到了问题。

　　在当代媒介文化中,这种预先设定比以往任何时候
都显得更自然,都更加系统,而这就带来了深刻的意识形
态影响。并非仅仅是说,人们能够在哲学层面看出真理
与正确性的差异(观点 1),而是说,中介化过程能够给出
正确(但不一定真实)的论断,**并且**在这一过程中,两者间
的差异一方面被强化了,另一方面又变得更不易察觉了
(观点 2)。用更简单的话来重述,媒介高度的明晰性掩盖
了它事实上试图制造的效应。媒介环境现在正在变得愈
加技术化,在这种情况下,海德格尔在哲学上对真理与正
确性给出的区分固然是抽象的,但对我们的现实生活体
验来讲却有着巨大的实践意义。他的思想丰富了(比如

说)媒介批判理论——我们将会谈到,人们并没有对基于相合性的真理理论进行合理考察,但是,人们对表象的肤浅理解正好就建立在这种真理理论之上,而媒介批判理论所要尝试的就是超越这种肤浅理解——这些肤浅理解通常都没有批判性,没有自反性,而且还异常乐观地相信新的互动形式会无可置疑地变得强大。此类理解的失败之处在于,它没有意识到"最需要对权力的运作感到焦虑的时刻,也许恰恰就是当我们被告知,互动媒介技术使我们自己变得强大了,权力不再是我们需要关切之事的时候"(Andrejevic,2009:48)。

64

在这种情境下,我们在前边引用的马歇尔·麦克卢汉的"媒介即讯息"的表述再正确不过了。从海德格尔哲学的角度讲,这句格言以高度简洁的方式表达了真理被正确性取代这一点。例如,在数字技术受到追捧的情况下,媒介确实已经是讯息了,这是因为"互动性"本身已经在很大程度上成了目的,而质量上的考虑则在很大程度上被忽略了。苏珊·桑塔格(Susan Sontag)对早期摄影技术的分析亦说明了这一点:

> 摄影技术的这种被动性(及其无所不在性)正是摄影技术的"讯息",它的进攻性所在……每次对照相机的使用都暗含着某种进攻。这一点在 19 世纪四五十年代——也就是摄影技术诞生后的辉煌 20 年——得到了体现,但亦在往后的数十年间得到了体现。在此期间,一种把世界看成一组潜在的照片的心态,在技术的帮

助下得以快速扩散开来……摄影技术之后的工
业化只不过是实现了内化于早期摄影技术之中
的诺言而已,那就是:通过把体验化为图像来实
现体验的民主化。(Sontag,1979:7)

更晚近的分析来自斯拉沃热·齐泽克,他描述了西
方媒介何以出色地创造出某种形式的意识形态欺骗——
一种以表面上"无意识形态"的媒介内容作伪装的意识形
态效果。因此,海德格尔对真理/正确性的区分有助于我
们捕捉到那些被设计得能在我们眼皮下溜走的东西,[1]
从而避免齐泽克曾在不同作品中反复提及的那个错误。
警卫怀疑一个工人偷了工厂的东西。"每天晚上离开工
厂时,工人推出来的手推车都会被仔细检查,但是手推车
总是空的,警卫从中找不到任何东西。最后,总算水落石
出了:工人偷的正是手推车本身。"(Žižek,2008:1)海德格
尔的洞见就是,**正是这样的成功使得真实的东西自行隐
匿**(上述观点 2)。这一洞见现在仍具有重要价值,因为它
有助于我们更好地理解媒介。

65

柏拉图的洞穴:作为默认设置的相合性

接下来,让我们对比一下人类受过教育的
本性和没受过教育的本性吧。让我们设想这样
一幅图景:人们居住在一个地下洞穴中,这个洞
穴有一个长长的通道,可以让光线充分射入。
人们的腿和脖子从小就被拴住了,也不能转头,

只能一直往前看。让我们进一步设想,在他们
身后较远的高处,有一个闪烁着的火堆;而在这
些囚徒与火堆之间的一个较高位置有一条路,
路旁边修有矮墙,矮墙使墙后的人与这些囚徒
隔离开来,正如木偶戏表演者要把自己隔离开
来以便表演木偶戏一样。

(Plato,1987:514a-b)

按照海德格尔的说法(PDT;BAT),柏拉图的"洞穴
寓言"作为西方哲学传统的重要文本,既揭示了**真理**与**正确性**之间的关键差异,又随即掩盖了这一差异。这个寓言大致写于公元前 380 年,并在《理想国》第七章的开头得到了重述。这篇寓言以文字的形式,描述了一个电影院场景。如苏格拉底所述,洞穴居住者的行为让人觉得那些出现在墙上的东西都是现实之物——这堵墙可以算是影院或显示屏的原型了。居住者把名字给予投射在墙壁上的各种阴影,还发明出一些聪明的办法来预测这些东西的顺序和行为,并把奖励送给那些似乎精通此道的人。(Plato,1987:515a-b)

故事的关键转折点是,一个囚徒被释放了——不知因为什么,他的束缚被解除了。现在,他被迫去查看那些阴影的来源——排列在大火堆前的小木偶。的确,这是这个囚徒第一次站起来看到那使阴影得以产生的光源,但他随即就开始感到痛苦和迷惑,他最终会意识到"他之前看到的东西全都是欺骗和幻觉"(Plato,1987:515d)。这样一来,这个曾经的囚徒就会明白,他和他的同伴之前

对这个世界的断言与他现在看到的东西并不相符。海德格尔指出,按此方式理解,这篇寓言刻画的是一连串使得囚徒们的凝视"变得更加正确"的事件,真理因而被看成是 ὀρθότης——被表象事物的"表象的正确性"(PDT:177)。

这种理解真理的特殊方式——认为真理就是正确的符合性或相合性的观点——长期统治着西方思想史及各类著作。举例来讲,能够明显体现出这一点的有:

- 亚里士多德的《解释篇》(*De interpretatione*)写道:"灵魂的'经验',它的'νοήματα(representations)',就是与事物相似。"(BT:257)
- 真理在学术层面被定义为 adaequatio intellectus et rei,即思想相对于事物的适切性(BT:257)。
- 勒内·笛卡尔声称:"严格来讲,'真理'这个词指的是思想与其对象之间的一致性。"[Descartes,1991(1983):139]
- 伊曼努尔·康德在《纯粹理性批判》中在不做任何批判的前提下(对于一本专门讲"批判"的书来说,这种非批判的态度有些讽刺)预设,真理是"知识与客体之间的符合性"[Kant,1965(1956):97]。

这种对真理的阐述听起来相当有道理。正如海德格尔在 1937 年至 1938 年的讲座中所解释的那样:"把正确性当成真理的特征并把正确性与不正确性(错误)并列,这种做法是明确、可理解的。这是因为,真理的概念无疑来自那种一般化的思考方式,相应地,数个世纪以来人们也一直接受这个真理概念,以至于它竟固化成了不言自明的东西。"(BOP:15-16)换一个同义反复的说法,这种对真理的表述似乎就是真理。如"真理的相合性理论"这个名称直接表明的那样,真理被理解成被表象事物的表象的正确性,这与我们通常所理解和体验的真理完全相合。

类似地,传播和媒介研究偏爱各种涉及正确性-精确性、忠实性、有效性、可信性等范畴,而且这个学科提出的一系列问题与以下这些问题相似:

- 一个人如何知道来自网页、维基百科文章或博客上的信息是否可信、可靠?
- 一个人如何确定一部"以真实故事为基础"的好莱坞电影或纪实片叙述属实并如其所是地讲述了完整的故事?如何确定它没有通过润色来制造廉价的戏剧效果?
- 我们如何相信利用网络聊天室、电子邮件或脸书等社交网络工具与我们互动的人如实地介绍了他/她的身份?
- 我们如何确定《纽约时报》(*New York Times*)、半岛电视台(Al Jazeera)或英国广播公司(BBC)的信息是对现实世界的事件给出的准确而客观的报道?

以上所有情境和问题都缺少一个海德格尔式的追问,即:"真理"除了意味着正确之外,还有什么含义?以海德格尔那种与众不同的视角来看,最根本的问题并不是类似跟你聊天的人是不是他们自称所是的人,或者网络聊天是否构成了一种真正的交流形式这样的问题。如果以传统方式理解所谓"真正的交流形式"的话,那么它无非就是用另一种方式表述出来的"一种更加正确的交流形式"。而海德格尔希望强调而随后质疑的是已经被上述问题投入使用的那种理解真理的方式。

可见,海德格尔的追问更具根本性和本体论性质。他问及的是,当我们问及某物是否是真实的、什么是真实的、什么是真理等问题时,心中所想的东西。海德格尔解释说,他之所以关心真理问题,是因为**真理**问题并不是与其他议题并列共存的一个问题,而是哲学中一个起着决定作用的议题。这个议题早在亚里士多德时期就已被明确称为"真理科学"(BT:256)。在着重考察"什么是真理"这个棘手的问题时,海德格尔不但进行了令人印象深刻且具有开创性的哲学分析,而且还提供了切入这个问题的全新视角,这样一种视角有助于我们更好地理解媒介表象的复杂性,理解信息的准确性,理解我们对媒介的生产与消费进行批判性分析的使命。

真理之问

就看待真理本质的传统看法,以及真理本质被首次界定的方式而言,有三点是明确的:第一,真理的"所在地"是命题(判断);第二,真理的本质就在于判断与其对象的"符合";第三,逻辑学之父亚里士多德,不仅把真理置于作为真理之原初所在地的判断之中,而且首先把"真理"界定为"符合性"。

69

(BT:257)

对真理的追问在海德格尔的《存在与时间》这部伟大著作中占据着核心地位；从字面意义上看也是如此，因为对这个问题的讨论恰好就出现在该书的中间位置并且在该书的第一篇和第二篇之间起着过渡作用。按照海德格尔的解释，真理不是某种"在那里"等待人们从事物中发现的东西；真理在本质上是一个关系概念。它存在于关于事物的陈述（一般称为"判断"）与陈述所涉及的对象之间的符合关系或**相合关系**中。海德格尔用一个非常简单的例子解释了这一点：一个背对着墙的人声称墙上的画挂歪了。评估这个人的陈述的真理性，也就是画在墙上的位置不正这一点，并不是难事，只要让这个人转过身并且把他陈述的内容与事实相对照就行了。如果其陈述的确符合或相合于对象的实际情况，那么这个陈述就是真实的；反之，就是错误的。

这种阐述看起来很好地描述了媒介内容与表象的情况。比如说，当我们面对某些事件的报道时，我们通常只要把报道所宣称的跟现实中发生的相对照就可以评估报道的准确性或真实性。能够最好地体现这一点的也许并不是两者相符并且确实存在真理的情境，而是真理没有出现的情境。也就是说，人们发现报道或断言是不准确的，或某些内容被搞错或被错误地呈现了。比如，2003 年3 月，在准备发动第二次伊拉克战争之时，时任美国总统乔治·W. 布什及其行政班子发布了数份有暗示性的声明，声称伊拉克开发、拥有并可能使用了大规模杀伤性武器。与这些声明相关的新闻包含各种官方文件，涉及数

场新闻发布会、公开演讲，以及在国会和像联合国这样的
国际组织中召开的听证会。这些新闻在美国和英国媒体
上不断传播，呈现在大众面前的伊拉克是一个有能力对
其人民和该地区的其他国家造成无法估量的伤害的流氓
国家形象。这些新闻报道和媒体给出的其他断言所具有
的真理性，最终在进攻伊拉克之时和后续的占领时期被
付诸检验。尽管有人期望这支入侵部队会在某个地点找
到一些武器库，或至少找到生产武器的设备，但是，这类
东西从来都没有被找到。事实上，化学和生物武器根本
就不存在。这样一来，关于伊拉克要么拥有这类武器，要
么正在开发这类武器的断言就成了不准确的和错误的
了。出现在伊拉克的现实事态或情况，与媒体给出的各
种关于大规模杀伤性武器的断言并不相合。

　　另一个类似的案例可以在不那么严肃的娱乐领域找
到。在"电视的黄金时代"，流行的游戏节目常用的一种
编排就是，在节目最后把真相揭示出来。这里有两个例
子，一个是美国 1956 年至 2002 年播出的《说真话》(To
Tell the Truth)，另一个是英国 1965 年至 1988 年、1996
年至 2005 年播出的《揭穿我谎言》(Call My Bluff)。 7i
《说真话》的特点是：由四个名人组成的名人团要与三个
人对峙。这三个人中的每个人都声称自己是个有着不寻
常背景、令人感兴趣的生活体验或独特职业的特殊人物。
名人团被要求对这三个人进行询问，并根据他们的回答
来判断哪一个人确实是他/她声称自己所是的那个人。
本质上，名人团需要判断哪个人是在讲真话。在这一过
程中，两个人是在有预谋地欺骗，他们假扮成自己所不是

的人并且回答名人团提出的问题,而剩下的那个人则是在说真话。"真相时刻"被安排在节目的最后,此时,节目嘉宾会发出关键一问:"那个真实的某人,可否请你站起来?"这时,三个人中的一个人就会站起来。此时,这个人会说明,他/她确实是在讲真话,而另外两个人则是在有预谋地、精心地欺骗(Gunkel,2011)。《揭穿我谎言》则安排了类似的基本设定;只不过,它并没有邀请一个说真话的神秘人士,而是会安排两个分别由三人组成的团队。每个团队中的每个人都把一个晦涩难懂的词语或词组的定义念给对方团队听;而对方团队则要尝试判断,在听到的三个定义中,哪一个是真正的/正确的答案。这些游戏节目的产生和运作完全符合海德格尔所说的"真理的相合性理论"。

近来,这种程式发展出了像纪实片《秘密百万富翁》(*The Secret Millionaire*)和《卧底老板》(*Undercover Boss*)这样的更复杂的新形式。在此,戏剧性的揭示出现在节目的最后——这相当于色情片中的"烧钱镜头(money shot)"①的电视真人秀版本(Taylor and Harris,2018:158,170)。在叙事方面,引出结局的过程被附上了不断出现的变化和危机:卧底的慈善家/老板会在亮明身份并进行慷慨赠予之前被识破吗?把真理看成正确性的确是自然且无可置疑的,这一点在这些新的节目设定中得到了体现。被百万富翁/老板认真保守的秘密无疑是正确的(当然,观众知道,这些暂时伪装成义务志愿者或

---

① 译者注:指通常放在色情作品最后的射精画面。

同事的人,实际上是富有的首席执行官或经理),但却没有呈现出(或者用海德格尔的话来讲:使……去蔽)那些在节目中浮现出来并且更加令人不安的真相。比如说,严重的社会不平等的成因以及潜在的解决办法基本上都没有被言明、被揭示出来,而真正使这些节目值得观看的正是这些内容。更重要的是,尽管剧集会饱含感情地描述贫穷与富裕之间的差距,但是每季剧集在结束的时候并不会对此进行深入分析;相反,正如节目的标题所示,在节目中出现的人确实就是百万富翁,他在节目最后又回到了与他地位相称的豪宅中,相合性得到了确认。

现实事物的问题

> 将真理定义为表象的正确性,在任何领域
> 都是天经地义的事,在哲学以外的领域中如此,
> 在哲学领域中亦如此。
>
> (BQP:17)

真理的相合性理论看上去是如此不言自明,如此真实,以至于海德格尔指出,它既主宰着哲学思考的模式,也主宰着非哲学思考的模式。不过,正是这一广为接受且无可质疑的预设,这一"在任何领域都是天经地义的事情",在海德格尔看来是成问题的。因此,他对相合性理论进行了批判式的追问,借助事无巨细的考察和分析,他看到了问题的重要方面并宣称,人们两千多年来都没有真正意识到这些方面(BT:259)。海德格尔的这一断言可

能有些不谦虚,不过有一点却是清楚的,即:海德格尔的独特贡献之一就是找到那些最普通不过的常识,找到那些似乎是天经地义的思考方式,然后把它们付诸极其细致的(当然也可能被人说成是极其累人的)分析,以便考察它们的源头、运作机制和影响。这是一种相当有用的追问模式,我们可以借此聚焦于那些被媒介视为理所当然的东西并加以分析;而这些东西在罗兰·巴特[Roland Barthes,Barthes,1973(1957)]那里就被简称为"流过但没有被说出来的东西"。

在《存在与时间》中,海德格尔在考察这些内容时进一步拓展了上文提到的例子——一个人在背对着墙的情况下断言墙上的画挂歪了。如海德格尔所说,为了衡量或评估某个特定陈述或表象在何种程度上与现实中的事态相符,人们必须彻底、直接地通达现实事物。一个人声称"墙上的画挂歪了"并希望知道这个陈述是"真实的"还是"错误的"。要看到并确证这一点,就必须"转过身去"看看那幅"现实的画",或"存在着的事物本身"(BT:260)。正如《说真话》《揭穿我谎言》或《秘密百万富翁》一样,在某些时刻,那个现实的东西必须被突显出来并如其自身所是地呈现出来。

对"现实事物"的通达可以用两种方法实现。一方面,现实可以被预先揭示,或者如哲学家所说,被先验①地揭示。这就是多数情况下在脸书或谷歌之类的社交网络应用程序上出现的情况。如中村丽莎(Lisa Nakamura)

① 译者注:这里的"先验(a priori)"只是指一般意义上的"在先的",而不是哲学(比如,康德哲学、胡塞尔哲学)中的、严格意义上的"先验"。

(Nakamura,2007:49)所说，使用这些交流技术的用户"已经知道了对话者的身份"，他们能够评估这些朋友的网上化身，在脸书上的简介、昵称或自我描述是否是现实中的人的真实表象。另一方面，对"现实事物"的通达可能发生在现实之后，也就是所谓后验。在此情况下，仅当人们接触到大量被中介的表象之后，如其所是的现实才是可获得、可显现的。经常讲出此类经历的就是那些发起线上交流然后尝试在现实生活中（real life,RL）进行面对面（face to face,F2F）接触的网络用户。有时，现实中的会面让人感到惊喜，因为人们发现对面这个现实中的人正是他期待看到的人；有时，这样的会面让人感到可怕、懊恼，因为事实证明"现实事物"跟他或她假装所是的样子完全不符（图 2.1）。前者，也就是让人高兴的结果，会出现在下一代计算机约会服务（如 e-Harmoney.com,Match.com）的市场宣传中。此类宣传声称，用户所联络的正是他们唯一的真爱。而后者，也就是那种极其令人懊恼的可能性则更引人注目——那些报道警察突击行动的新闻会提到，执法人员会在网上假扮未成年人并策划与性侵者、诈骗者和恋童者在现实中约会。

　　这正是在多数情况下为我们所理解和评估的真理。在核实真理时，一个必不可少的环节就是通达如其现实之所是的现实事物。当然，问题就在于，这种对于现实事物的直接通达常常难以做到——如果不是根本不可能的话。让我们回到海德格尔所说的某人对墙上的画给出断

74

75

图 2.1　聊天室：可怕的真相

言的例子上。那么，人们对真理的陈述本身①是真实的吗？以这个陈述给出的标准来评判，这个陈述本身是与它的对象相符的吗？在海德格尔的著作中看到这个陈述的读者，如想证实这个陈述的相适性，也许真的会转过身，真的会看到一个人正背对墙说出那句关于画挂歪了的陈述。当然，这种解读可能太字面化了，因为海德格尔的陈述并不必然跟现实中的"现实事物"相关，而只是对一种一般体验的表象，并且这种体验是我们很容易想象的（即：一边是观念，一边是要与观念相对照的现实情况）。不过在这个例子中，要想证实文本中出现的那个陈

---

① 译者注：在此，关于真理的陈述指的是"真理是陈述与对象的相合性"这个陈述。

述，就需要把它跟一个由读者在别处给出的陈述相对比。看起来，这样的追问会让人陷入一个循环，每个关于某物的陈述都要被拿来跟另一个陈述和表象作对比，但却未必会被拿来与对现实事物的直接感知做对比。

因此，正如海德格尔所说，在这种极其平常的情境下，当我们"转过身"评价命题的真实性时，我们无法使现实事物保持其无遮蔽的赤裸状态，而只能跟另一组命题和表象打交道。因此，我们似乎被束缚在，或者说，受陷于一种递归式的中介化情境中。这与杰伊·戴维·博尔特（Jay David Bolter）在考察词典中的词语时描述的情形相同。在博尔特的分析中，词语虽然不是以指向现实事物的方式被界定的，但也是以指向其他词语的方式被界定的：

> 如果深究，任何词语的定义都会把你引向一个循环。此处出现的矛盾就是符号学的基础。符号系统就是一组将要素联系起来的规则。规则是任意的，而由规则生成的系统则是自足的。"走出"这个系统回到被表象的世界的方法并不存在，这是因为，与词典的情况相仿，符号只会把你引向同一个系统的其他地方。（Bolter，1991：197）

这个词典的例子说明，我们对词语的使用总是受限于语言能指系统，我们无法跳出语言去确证指示物，也就是所谓的"现实事物"或符号学所说的"超验所指"。

正如海德格尔所指出的,上面这种明显的批评是作为一种反例,用来反对相合性理论的标准形式的。

> 的确,随着时间的推移,反对这一真理概念的意见出现了。这些反对意见具体来说建立在这样一种质疑之上,即:我们的表象到底能不能抵达作为存在者本身的存在者?这些表象是否只是被封闭在由它们的行为组成的回路中?……这样一来,知识和命题就只存在于表象的表象之中,并因而就是表象的组合。(BQP:16)

按照海德格尔的说法,这种主张表象只与其他表象相关联的"教条"可被称为"观念主义",而"相反的主张——我们的表象能够到达事物本身……一直都被称为'实在主义'"(BQP:17)。不过,让海德格尔特别感兴趣的,并不是观念主义与实在主义的差异是什么。相反,吸引他注意的问题是:为了阐发各自的观点并占据对立的位置,观念主义和实在主义到底在什么方面达成了一致?这两者共享的东西是什么?海德格尔解释说:"这两个相互敌对的兄弟不知不觉地在一个基本观点上保持着完全的一致,而这个基本观点恰好为它们的对立提供了前提和可能性。这个基本观点就是:与存在者之间的关联指的就是对存在者进行表象,并且表象之真理就在于其正确性。"(BQP:17)颇为矛盾的是,尽管媒介时常提供无比正确的表象,但恰恰是这一点掩盖了构成正确性的本质的东西。

屏蔽现实：相合性理论与媒介

> 有人在讨论我们如何分辨真实的东西和错误的东西这个问题吗？……那些就互联网上大量关于可见世界的陈述发表高谈阔论的人，一般并不会讨论我们如何才能分辨对错。
>
> （Postman，2000：92）

波兹曼对于互联网上的言论背后的真理（或谬误）的追问有助于我们分析媒介中的相合性理论所发挥的特殊作用，以及媒介在塑造我们对相合性理论的理解时所发挥的作用。让我们思考以下三个例子：

第一个例子：我们可以看到（更准确地说，是听到）相合性理论在音频录制中发挥作用，而不管是磁带、黑胶唱片，还是 MP3。在音频录制方面，一个具有高度可辨识性的图像就是胜利留声机公司（Victor Talking Machine Company）的商标——画面中，一只被称为尼博（Nipper）的狗顺从地坐在留声机的喇叭前听"他的主人的声音"的录音（图 2.2）。这个图像传达的信息是明确的：这个技术装置发出的声音十分接近真实事物，以至于狗都无法区分出真实的声音和录音——要知道，传统上，欧洲肖像画都利用狗来象征忠诚（因此，人们常把狗称作 Fido①）。然而，尽管人们期待声音是真实的，但是，大多数录音（特别

---

① 译者注：Fido 来自 fidelity（忠诚）。

图 2.2 胜利留声机公司的商标

是产生于网络数字时代的音频）都不只是简单地复制了
现实事物或"现场"事件。事实上，大多数流行音乐音频
放出的都是某种理想版本的声音，而理想版本中的东西
甚至都没有在现实中出现过。混音就是这样一个例子：
有时，几个从未出现在同一时空中的音乐家的表演被混
合在一起；有时，现场表演与音频在人们心中的关联被倒
转——这种倒转的典型就是对口形，比如，惠特尼·休斯
敦（Whitney Houston）在 1991 年第 25 届"超级碗（Super
Bowl）"上的表演就是如此，碧昂斯（Beyoncé）在 2013 年
贝拉克·奥巴马第二次就任美国总统时的表演亦如此。
在这些案例中，录音并不是与现实中的现场表演相合，而
是与借助录音技术产生又以录音的形式存在的理想演唱
相合。不过这里的问题并不在于录音的最终指示物是现

场表演还是被理想化的内容。这是因为,不论是哪种情况,录音的忠实度和真实性仍然只涉及相合性,即:一个东西与另一个东西的相似性。

　　第二个例子:《老大哥》(*Big Brother*)、《幸存者》(*Survivor*)和《超级减肥王》(*The Biggest Loser*)等真人秀节目的崛起说明,当代媒介已经成功地改变了我们的观看习惯并使之与真理的相合性理论相适应,以至于总的来讲,我们竟没法说清这种改变是如何实现的,甚至都没意识到它的存在。真人秀节目之所以让人感到不可思议,是因为它是一种全新的媒介话语模式:借助于壁挂式摄像机,真人秀节目获得了前所未有的巨大能力,它能够创造出对现实事件明确无误的表象。就此而言,这种类型的节目说明,观念主义和实在主义的确有着兄弟般的紧密关联。说真人秀节目是实在主义的,是因为它要表象被其对象化的个体的生活的各种要素,表象他们往昔的私密时刻,并且要提升这种表象的能力(而不管被表象的东西是多么地平淡无奇)。真人秀节目希望以直接的方式表象发生的事情。然而,它也同样是观念主义的。这是因为,这种表面看来是实在主义的东西,实际上却被高度形式化的常规做法主宰着,而这些常规做法又都服从于严格而细致的规定。这些做法并不与现实事物和事件相合,却运用了各种各样的技法,给我们各种各样的期望。而这些技法,这些期望,则很容易使我们联想到那种由媒介制造出来的现实。现在媒介要想制造出现实效果,通常都会用手持摄像机去拍出那种摇摇晃晃的画面。这种拍摄方法起初出现在纪录电影(cinéma、vérité)

中——纪录电影可以被看成是一种以视频形式出现的私密日记。它的功能有两种：首先，它可以算是天主教忏悔行为的后现代版本；其次，它也是一种戏剧叙事结构，人们可以借助这种叙事结构随便把什么东西说成是一场危机，一次冲突，说成是出现在剧集最后的那个惊悚片段。我们以前觉得这种画面不好看，但是现在这种拍摄方法几乎成了制造现实效果的标配。

第三个例子：最后要提及的是网络内容，特别是像维基百科那样的用户生成内容——任何人都可以发布或修改信息。就维基百科而言，人们（特别是大学教师和学生）一直在关注的一个重要问题是这些内容的真实性，或者更具体地说，是作为相合性而发挥作用的真理。让我们设想某人追问维基百科条目信息真实性的例子：这个人通常要追问的是文章中的陈述是否与事实中的事态相符或相合（比如，如果这个人关心的是非洲象种群的统计数据的话，[2]那么他就要追问文中提到的数据是否与世界上非洲象的实际数量相符）。用海德格尔的话来讲，这个人试图"转过身去"，以便评估报告数字相对于按其自身现实所是存在着的现实事物的准确性。就非洲象种群这个例子而言，一个人要想对所报告的信息的真实性或谬误性进行检验，就必须接触到实际存在的象群并进行实际的计数；但显然，几乎没有人单凭自己的能力就能完成这个工作。正因为这样，把维基百科或其他媒介机构在这个问题上的陈述跟现实事态进行对比，绝非人们必然要做之事。这种实在主义的要求显然是不现实的，在实践层面也是不可能的。这些陈述只是被拿来跟其他地方(通常是其他媒介渠道或形式)提供的陈述或表象相比较而已——海德格尔把这个过程称作"观念主义"。不过无论如何,人们还是得把文章中的信息与非洲象种群相对比,还是要衡量表象相对于某个对象的存在的正确性。海德格尔指出:"如果我们的表象或命题被认为与对象相符,那么存在者必须是预先可通达的,只有这样,它才能呈现自己,让自己成为标准,成为衡量别的东西是否与它相符的尺度。简而言之,这个存在者,这个事物,必须处在敞开之领域。"(BQP:18)

81

　　因此,从以上这些源自现实世界的具体例子中,我们可以看到,尽管观念主义与实在主义有明显差异,但它们都同意把真理看成表象的相合性或正确性,并据此发挥作用。尽管两者会在相合性到底涉及什么(是其他表象,还是事物本身)这个问题上有分歧,两者都认同并确认的一点是,真理本质上就是一个相符性的问题。相反,海德格尔所做的就是超越这种预设,进而对真理问题进行追问。

超越相合性:作为传诉性—规定性展示的媒介

　　一旦存在之真理被等同于永恒的可理解性之光,那么真理的本性就变成了可靠地反映物体或指涉物体的能力。命题真理的稳定性使人们倾向于把真理与作为类型、形式或可预期形状的存在联系起来。当存在被视为稳定的形式时,存在者就通过自身的类型化获得了现实性。西方世界有种要将事物标准化、要从事物中找到可靠性或典型性的冲动,而我们在柏拉图那里就发现了这种冲动的种子。而作为揭示过程的真理,作为去蔽/遮蔽之嬉戏的真理,则退居幕后;此时,理性的头脑只会盯住光亮下的客体,把它们理解成明确、稳定、理性的形式。人类没有意识到,虽然他对形式化的现实进行类型化并加以领会的能力在不断增强,但他却失去了作为自发揭示的真理。

(Heim,1993:68)

82

基于相合性的思维方式存在于我们漫长的文化史之中。这一点意味着,无论是对流行音乐的音频保真度来说,还是对维基百科文章所给出的信息的真实性来说,真理都被默认为对表象相对于某物之现实存在的准确性的衡量。迈克尔·海姆(Michael Heim)分析了把真理简化成相合性所带来的后果,他的分析有助于解释在这个过程中哪些东西被丢失和被掩盖起来。正如海德格尔富有洞见地指出,"如果我们的表象或命题被认为与对象相符,那么存在者必须是预先可通达的",这个事物必须已经被给予并且"处在开放之领域"(BQP:18)。

为了回应这个问题,海德格尔主张使用另一种对真理进行概念化的方式,这种方式并不是什么创新,只不过是回到了"更原初的"和最根本的理解。

作为表象之正确性的真理要成为真理(也就是说,要与其对象相合),就必须预设敞开之领域：存在者只有借助这个敞开之领域才能成为对——象（ob-jects），也只有借助于这个敞开之领域，表象才能成为将对象如其本身所是地呈现在自身之前的一种能力。这个敞开之领域最终呈现为正确性之可能性的根基。相应地，如果正确性本身还要依靠某种更原初的东西的话，那么它并不能建构起真理的原初本质。因此，我们必须返回到敞开领域之中，才能找到真理的原初本质。（BQP：18）

在阐述对这种真理更原初的理解时，海德格尔返回 83 到古希腊文中并充分借用了其中用于表示真理的词 ἀλήθεια（aletheia）——这个词翻译过来就是"去除遮蔽（unconcealing）""揭示（uncovering）"或"去除隐藏（unhiddenness）"。以这种方式进行翻译并非出于偶然，相反，这对于理解海德德格尔在概念层面作出的调适具有重要意义。海德格尔在《论真理的本质》（On the Essence of Truth）一文中写道："我们把 ἀλήθεια 译为'无蔽'，而不是'真理'。这样翻译并非只是为了体现字面意思，而是为了指引我们重新思考真理的一般概念，也就是陈述的相合性，它指引我们朝着源头的方向进行思考——思考那尚未被领会的被揭示性和事物之揭示过程。"（OET：127）这个研究重点的微妙转换产生了天壤之别。海德格尔指出，去蔽"是存在自身的根本特征"，与陈述关于某物的适切性或表象相对于被表象事物的正确性不同，去蔽并不是"对事物的认识的一个特点"（PDT：179）。

因此,海德格尔并不是要提出另一种真理理论以便与其他理论相竞争,而是要找回一个更加本原的定义。正是这个定义作为本原和根基支持着相合性理论。海德格尔说:"本原地看,作为真理之特性的无蔽性不包含正确性之类的东西;相反,命题的所有正确性都存在于存在者的无蔽性之中。表象之所以能够朝向存在者,之所以能够与存在者相合,无非就是因为存在者就居于无蔽性之中。"(BQP:92)换句话说,仅在事物能够被预先揭示(并借助这种揭示而处于敞开之领域中)的情况下,仅在相符性或相合性借助这种揭示而首次成为可能的情况下,真理的相合性理论(无论是倾向于观念主义的,还是倾向于实在主义的)才是正确的。由此可见,海德格尔事实上"策划"的研究路径就是,在呈现真理的进程中刻画真理,让作为(原初的)去蔽的真理被去蔽。

84

在涉及媒介的问题上,上述观点的直接启示就是:如果真理本身并不是什么表象的适切性的问题(也就是说,不是一个东西是否与另一个东西相似的问题),那么,出现在媒介中的命题的状态和功能也要被重新定位了——这一点适用于所有媒介,包括口头交谈、书写、印刷、绘画、照相、电视、网页、电子游戏等。相应地,表象的真理并不像人们通常所认为的那样是命题(如:"墙上的画挂歪了")相对于与命题相关的对象或事态的相符性。相反,命题建构了一种**"传诉性—规定性展示"**[①](BPP:

---

① 译者注:此处参考既有译著的译法,将 communicatively 译为"传诉性",请参阅:海德格尔. 现象学的基本问题[M]. 丁耘,译. 上海:上海译文出版社,2007:282。

210），后者将某物之存在从其无差异地融入环境的状态中抽离出来，将某物作为其自身展示出来。用海德格尔的话来说，这种传诉性-规定性展示就是"揭示物体，以便让物体在其无遮蔽状态中被看到"（BT：262）。凯瑞效仿海德格尔，将存在之去蔽和揭示定位于 λόγos（logos）之中。凯瑞指出，并不是说，事物首先存在于世界中，首先"在那里"，然后我们再用词语去指涉它们，谈论它们；相反，顺序应该颠倒过来，仅当事物被提及时，事物才在这种陈述中并借助这种陈述得以存在，得以"在那里"。不过这并不意味着世界是某种由语言创造的虚幻东西。无论是凯瑞还是海德格尔，都不会支持语言创造了世界这种极端形式的社会建构主义。事实上，海德格尔鼓励我们把语言视为"存在之家园"。这意味着，语言是一种让存在被揭示，让存在向我们揭示出来的方式。正是这个意义上的语言被莱索（Wrathall，2011：155）称为"原初语言"（参见第一章）。

我们可以把牛顿物理学看成一个现实中的例子。海德格尔指出，我们现在所知道的牛顿定律在被艾萨克·牛顿爵士陈述出来之前，既不是正确的也不是错误的。之所以这样说，并不是因为这个世界上之前并不存在描述物体和力的命题，而是因为事物以前并没有以这种特定方式（即，以物体和力的方式）呈现自己。只是到了牛顿那里，物体和力才被整合进理论框架中并如其自身所是地展示出来（BT：269）。这一点无疑与媒介的作用高度相关（现已相当成熟的媒介框架分析已经说明了这一点）。在此，所谓的媒介的作用，就是指媒介在设定框架并展示我们传播行为这方面的作用。这种作用如此重要，以至于（正像牛顿物理学一样）如果我们的经验中没有被预先给予这个框架的话，我们就很难思考了。起中介作用的框架（mediated frame）、框架化（framing）这两个概念与对技术的追问直接相关，而在海德格尔那里，这种相关性就更加重要了。事实上，在海德格尔看来，正是集-置（英文 en-framing，德文 Gestell）①构成了技术的本质（参见第 4 章）。

谈及表象：去蔽

> 谈话的效果就在于呈现或揭示某人在谈论、讨论**什么**……在这种去蔽行为中，某人正在谈论的某物就被呈现出来，成为可感知的。也正是在这个涉及某物的讨论中，某物才借助讨论得以**被界定**。
>
> （LQT:6）

按照海德格尔的说法，为某物设定框架和展示某物这两种机制是共同运作的，而这种合二为一的机制又完全隶属于 λόγos（logos）；后者的字面意思就是"词语"，并且又进一步被界定为话语、语言、逻辑，甚至是理性。正是在 λόγos 之中并借助于 λόγos，存在者才从它们的隐匿之处被带出并呈现在无蔽状态中（BT:262）。我们要注意

86

---

① 译者注："集置"的英文为 enframing。此处作者将"en"与后面的字母拆开来写，意在强调被动、被迫的意涵。

的是，这一观点绝不只是某种海德格尔式的创新，它意味着再次回到哲学的源头，更具体地说，回到苏格拉底时代的一个转折点。柏拉图在《斐多篇》(*Phaedo*)中的一段对话，提及了苏格拉底生命的最后一刻：这位老年哲学家讲述了他的哲学生涯的开端。苏格拉底在反思自己不懈努力的源头时，讲到了他最初如何尝试模仿前人树立的典范并在"对自然的分析"(Plato, 1990:96a)中寻找智慧。不过，尽管这项工作最初对他确实是有吸引力的，并且他也为此付出了大量心血，但这项工作仍然让他偏离了方向。因此，他放弃了对自然的分析，转而走上了另一条道路，那就是在 λόγos 中寻找事物的真理。苏格拉底解释说："所以我想，我必须求助于 λόγos 并从中寻找事物的真理。"(Plato, 1990:99e)。因此，当海德格尔把作为无蔽的真理与 λόγos 相联系时，并没有把一个新概念引入西方智识传统，而是让它再一次返回古希腊源头并与它的源头联系起来。[3]

　　海德格尔在《艺术作品的本源》中指出："存在者绝不是我们制造出来的东西，绝不是我们心灵的产物，这一点是显而易见的。"(OWA:53)相反，真实的情况是，存在者在很大程度上仍然是隐藏着的，需要被明确地、如其本身所是地呈现出来。海德格尔写道："大部分世界都需要被'呈现'。大部分世界需要被揭示，进而被我们认识。换句话说，总的来看，大部分世界，以及人类生存的大部分，都尚未被揭示。因此，存在者既可以被揭示也可以被隐藏。这种对存在者的揭示，这种对其隐藏的消除，就被我们称为真理。"(LQT:6)或者正如《存在与时间》中那段为人们熟知的文本所说："真理（被揭示性）是一种总是需要

87 首先从物体之中夺取的东西；这样一来，物体就从其遮蔽状态中被挑拣出来。各种使得诸物被揭示出来的机巧方法，看起来都像是一种掠夺。"（BT：265）

这种关于真理的不同阐释，必然改变我们理解和分析语言的方式，但总的来看，这种阐释也会改变我们理解和分析其他形式的被中介的表象的方式。这种关于真理的阐释完全不同于那些既有的阐释——这些既有的阐释已然接受了作为初始立场的相合性理论，并且坚持走符号学、传播理论和媒介研究的标准路径。而海德格尔的阐释则否认以下这一点，即：首先，现实世界中存在着各种东西，接着，词语、图像和其他形式的表象被用来指涉这些东西，被用来就这些东西"说些什么"。相反，正如我们在第一章所说，词语与事物之间的结构和先后顺序必须被重构。以此方式理解，表象并不仅仅是一种被动地传递有关既有现实世界的信息的工具；相反，表象在 λόγος 之中并借助 λόγος 对现实的东西进行挑拣，进行掠夺，以便将其呈现出来。这里所说的表象，既包括口头话语，也包括印刷媒介用墨和纸为基础的表达，还包括摄像和电影中的模拟图像技术，以及数字媒介和信息技术中新近出现的各种形式。由此可见，"说真话"并不是一个以适当的方式表象事物——通常来看，这里所谓的适当，要么是以对比表象和现实事物的方式来衡量（实在主义），要么是以对比表象和其他表象的方式来衡量（观念主义）。要想"说真话"，首先就要参与到揭示事物之存在的过程中。对此，海德格尔精辟地指出："命题在事物被揭示的'方式'中把事物表达出来。"（BT：266）

　　这里我们再次强调，以上观点并不意味着海德格尔支持某种天真的语言立宪主义或语言观念主义，也不意味着海德格尔主张事物的存在依赖于或内在于各种表象手段和机制。海德格尔明确表示："事物存在；人类、礼物、祭品存在；动物和植物存在；用具和产品存在。"（OWA：52-53）事实上，这些事物并不是在某种原始的、不加掩饰的状态下被给予的，也不会在这样一种状态下成为可直接通达的。相反，某物之所是，以及我们如何领会它，都是某种总是已经通过一个**合乎逻辑的**过程被去蔽的东西。正是借助这一过程，事物才能如其所是地呈现自身：

88

> 　　我们只需掌握语言的正确定义就可以理解这一点了。语言现在被视为某种交流，它服务于谈话和协议之达成——总体来说，就是服务于交流。不过语言并不仅仅是，也并不主要是一种关于可被传达之物的可听可写的表达。语言也并不仅仅把人们有意地以或明或暗的方式传达的东西以词语和陈述的形式表达出来；正是语言首先把作为某物而存在的某物带入敞开之域中。……正是语言第一次把名字赋予存在者，第一次把存在者带入词语，带入显现。正是这样一种命名，在存在者的存在中指认存在者，并将存在者**带出**其存在。（OWA：73）

正如我们在第一章所说，**语言**对海德格尔来说并**不**

仅仅是传播与事物相关的信息的**手段**或工具,它还具有一个更为原初、更具构造性的维度,并因此能够首次把事物带入开放领域中,把事物揭示出来。语言以及其他形式的介质,或者通常被称为"表达工具"的那些东西,都不应该被看成现实事物组成的既有世界的苍白反映。相反,正如凯瑞所说:"人们必须把传播(包括科学领域中的传播、数学表达)看成是一种第一性的现象或体验,而不是某种更加'软'性的东西,也不是某种由更加'真实'的本质性存在派生出来的东西。"(Carey,1989:26)

89　　因此,所谓的传播研究或媒介研究需要避免的,就是把自己看成某种对表象之适当性的评估。或者说,这些研究领域不应当把表象视为那个被表象的"第一性"现实的衍生物。相反,人们应该以更系统的方式聚焦于现有的传播手段是如何揭示和呈现存在者的。凯瑞指出,对媒介研究者来说,这种视角上的根本转变必定会调动起新的研究兴趣,产生新的研究问题,比如,"我们该如何研究这些东西? 这些手段之间的差异是什么? 这些手段在历史上有哪些变体,在同一时间段中又有哪些变体? 传播技术领域的变迁如何对我们能够创造或领会的具体东西产生影响? 不同的社会群体如何围绕何为现实的问题进行斗争?"(Carey,1989:26)正是海德格尔引入并发展了这样一种独特的思考方式,并使其为我们所用。

结论：与麦克卢汉通信①

本章开头提出了两个观点：一是"正确"与"真实"这两者之间存在理论上的差异；二是过于丰富的正确性会掩盖真实。这两点恰好也适于对海德格尔著作的理解。很多分析都会关注海德格尔如何尝试一种不同于传统的思考方式，并且强调这种思考方式让他的著作变得多么难以理解。的确，这些对海德格尔的分析都可以算是正确的解读，但是这样的解读却时常服务于歪曲或移除真相的目的。这里所说的真相就是指：当我们把海德格尔关心并努力阐释的东西应用于媒介时，就能够以更具挑战性的视角看待真理问题。因此，海德格尔对真理的追问为我们提供了四条极具使用价值和启发性的洞见，这些洞见将挑战（如果不是彻底改写）媒介中介化的游戏规则：

第一，海德格尔以极其详细的方式阐释了已被媒介理论和媒介实践默认并应用的真理理论。他不仅分析了"真理的相合性理论"的要素和运作，而且还分析了这种默认的理论设置何以在西方思想史中得到发展。这种详细阐释对西方思想史来说已经算是重大贡献了，不过海德格尔总是要做得更多……

第二，海德格尔以批判的方式对这种默认的理解真

①　译者注：作者在此使用了双关语，原文"Corresponding with McLuhan"，既指"与麦克卢汉通信"，又指"与麦克卢汉相合"；或者说，被表象的麦克卢汉是真正的麦克卢汉。

理方式进行了深入分析。他之所以这样做,并不是因为一般的分析方式有什么错误或不适当之处,而是因为相合性无法对他自己的理论观点给予充分解释。有些东西对相合性理论来说是理所当然的,并且也是以相合性理论为基础而运作的,而在两千多年中的绝大部分时间中,这些东西都没有被质疑或检验过。海德格尔还重点阐释了表象的相合性或正确性(不管是观念主义意义上的,还是实在主义意义上的)何以需要一种对存在的预先揭示。因为唯此,命题才有东西可以参照,被陈述之物的正确性或谬误性才能被评估。

第三,为发展这种批判性的洞见,海德格尔为真理提出了一种更原初的阐释。这种阐释无论是在概念结构层面还是在历史发展层面都先于相合性理论。在阐释过程中,海德格尔充分利用了 ἀλήθεια(aletheia)这个希腊文词语,并将真理的基础重新解读为原初的去蔽。正是这种去蔽最终衍生出了相合性。因此,相合性只是真理的第二性,或者说,是真理的副产品。

第四,海德格尔将去蔽的任务赋予了 λόγος(logos)——另一个被人们翻译成一系列相互关联的术语(如:谈话、语言、逻辑、理性)的希腊词汇。在这样做的过程中,海德格尔对词语与事物之间那种被认为是理所当然的关系进行了重新梳理。依他所言,讲真话不再与表象的正确性相关,而是与存在者的呈现相关。由此可见,媒介,以及各种表象材料,都不只是传播工具,也不只是与反映已经"在那里"的物体的信息相关的某种第二性的现象。相反,在呈现事物的存在时,媒介和表象材料是积极的直接参与者。当然,也正是因为它们参与了这一过程,我们才会认为它们只是表象了那些事物。

　　海德格尔的思想对我们理解媒介有着重要意义。这一点可以用媒介理论家马歇尔·麦克卢汉的两次引人注目的现身来说明——而麦克卢汉本人也把海德格尔视为在理解当代媒介方面的重要人物(McLuhan,1962:280)。麦克卢汉的第一次现身是指他出现在伍迪·艾伦(Woody Allen)的电影《安妮·霍尔》[*Annie Hall*(该电影曾赢得1977年奥斯卡金像奖)]中。在电影短暂但令人印象深刻的一幕中,由伍迪·艾伦扮演的男主角艾维·辛格(Alvy Singer)与他的女朋友——由黛安·基顿(Diane Keaton)扮演的安妮·霍尔(Annie Hall)正在排队买电影票。在他们后面,一个学者正在令人厌烦地向他的同伴大谈特谈费德里科·费里尼(Federico Fellini)的电影、塞缪尔·贝克特(Samuel Beckett)的作品以及马歇尔·麦克卢汉的思想。艾维对他的夸夸其谈感到难以忍受,于是从队伍里走出来表达不满。他(对着镜头)说:"如果在排队买电影票的时候有这样一个家伙站在你后边,你能怎样呢?"那个人意识到艾维是在抱怨,于是走上前来与艾维对峙:"你等一下。我为什么就不能发表意见?这是个自由国家!"艾维问道:"那你用得着这么大声地发表意见吗?我是说,你那样大声说话不觉得羞耻吗?可笑的是,你说到了马歇尔·麦克卢汉——可是你一点儿也不懂马歇尔·麦克卢汉。"为了回应艾维的指责,这个人骄傲地宣称他正好在哥伦比亚大学讲授一门"电视、媒介和文化"的课程,并且宣称他"关于麦克卢汉先生的洞见基本

92 都是正确的"。艾维回答说："是吗？好吧，这真是可笑，因为麦克卢汉先生正好在这里。"接着，艾维走到画面边缘把马歇尔·麦克卢汉从一块大型立式告示牌后边拉了出来。麦克卢汉反驳说："我刚才听到你说话了。你一点儿也不懂我的作品……你居然还能讲什么课程，真是太神奇了！"艾维对这样的结果感到满意，于是又对着镜头说："各位，要是生活都像这样该多好。"

　　这正是海德格尔所要强调的东西。我们确实希望生活就是这个样子。我们希望能把被陈述的东西与如其所是的现实放在一起，以便进行衡量和评估。但问题就在于，正如艾维那句玩笑话所传达的，生活完全不是这样。真理的相合性理论更多的是例外，而不是规则。事实上，从相合性自身的标准来看，相合性理论就不是"真实"的，相反，它只不过是——按照美国电视节目演员斯蒂芬·科尔伯特（Stephen Colbert）所说——"像真理的东西（truthiness）"，我们希望这种东西是真的，并且还试图通过相互达成协议来强行使它成为真的。不过，我们这样说并不意味着相合性理论就是**错误**的。这是因为，如果我们说相合性理论是错误的，就相当于用相合性理论来否定或打击相合性理论本身。因此，海德格尔当然不会声称相合性理论是错误的。在海德格尔看来，相合性理论并不是"错误"的东西，是某种"谬误"或"不准确"的东西。他只是说，相合性理论并不充分，因为它还需要得到一个更加本原的、根本的揭示过程的支持。

　　麦克卢汉第二次值得关注的亮相距离《安妮·霍尔》的上映有将近 20 年的时间，但这次亮相却揭露了某种天真的经验主义概念的局限性，或者说，某种对客观性的期望仍然对传播研究有着强大的影响力。1996 年 1 月的《连线》杂志刊登了一份相当奇怪的"采访"记录，采访对象称自己为"守护神"。这次采访的奇怪之处就在于，它完成于麦克卢汉逝世十多年后。采访稿的导言提道："大约在一年前，有个自称马歇尔·麦克卢汉的人开始在一个广为人知的邮件列表'区域（Zone）'（zone@wired.com）上发表匿名帖子。于是，加里·沃尔夫（Gary Wolf），也就是该采访稿的作者，开始借助一连串匿名重邮器与发帖者进行通信。"（Wolf, 1996: 1）

　　就本章的主旨而言，把此处要分析的情境简单地说成是"真实的相合性"也许是有误导性的；或者说，我们不该去思考这个"对麦克卢汉的生活和思想有着令人难以置信的了解"的线上对话者到底是不是麦克卢汉本人这个问题。基于正确性的理论会要求人们去检验实际的通信行为（也就是互通电子邮件）是否的确与另一端的一个真正的麦克卢汉相关联。但是在哲学层面，这种对检验的要求实际上忽略了一个更加深刻的真相：与这种邮件行为相对应的，正是对媒介技术作出的更加形象化的理解。按照这种理解，媒介亦是一个鬼魂可居于其中的领域——杰弗里·本宁顿（Geoffrey Bennington）和雅克·德里达［Bennington and Derrida, 1993（1991）］、弗里德里希·基特勒（Friedrich Kittler）［Kittler, 1999（1986）］以及艾维托·罗内尔（Avital Ronell）（Ronell, 1989）都曾分析过这一点。尽管《安妮·霍尔》中的艾维·辛格可以让麦克卢汉出现，但是在第二个案例中，我们没法儿走到画面边缘把那个真正的东西（正在打字的麦克卢汉）拉到视线以内，以便让真正的东西呈现自身。

按理来讲，一个具有极高知名度的记者或媒体机构本应终止这个故事。不过，《连线》却并没有简单地宣布这件事归根结底是无法得到证实的，而是巧妙地以"与麦克卢汉连线"的名义发表了新闻稿。他们在这样做时，工作人员对待事物的方式无疑是海德格尔式的：他们没有把重点放在这个情境的潜在"谬误"上，而是放在了在话语交流的过程中得以呈现的东西上。《连线》的编辑解释说："在互通了很多电子邮件后，对话转入了关键问题——麦克卢汉会如何看待这种新的电子技术？"（Wolf，1996：1）需要再次强调的是，这并不意味着我们在谈论媒介时所提及的对表象之有效性和正确性的质疑是错的或不切题的——海德格尔不会认为这些东西是错的，估计《连线》杂志也不会这样认为。涉及有效性、相合性和相符性的问题仍然是有效的。从历史的层面上，它们仍占有重要地位，而海德格尔所主张的仅仅是：除了这些东西之外，还有其他东西——那是一种触及真理问题的更"深刻"的方式。另外，我们应该超越相合性这个较"浮浅"层面，将真理当作无蔽来思考——思考作为无蔽的真理在**事物**的中介化方面给我们的启示。如果我们不这样做的话，我们就不仅失去了某种本质的东西，还遮蔽了那些我们本来能够揭示的东西。

注释：

[1]颇为矛盾的是，一个明显的东西之所以仍然可能是隐而不 *173*
显的，就在于它实在是太明显了。埃德加·爱伦·坡（Edgar Allen
Poe）的小说《失窃的信》（*The Purloined Letter*）就诠释了这一点，
令人印象深刻。如题目所示，小说与一封失窃的信有关：人们急需
找到这封信，而实际上这封信就躺在毫无遮盖的卡片架上。

[2] 这个例子被我们选出来并借用并非出于偶然，它来自互联
网上的一个恶作剧。这个恶作剧肇始于曾出现在美国喜剧中心频
道（Comedy Central）的节目《科尔伯特报告》（*The Colbert Report*）
中的斯蒂芬·科尔伯特（Stephen Colbert）。在该频道 2006 年 7 月
播出的一季节目中，科尔伯特向人们介绍了"wikiality（维基性）"这
个词。他解释说，这个新词与网上的维基百科全书的特点和使用
体验有关：在维基百科上，"任何用户可以修改任何词条，并且，如
果有足够多的用户认同修改的内容，那么它就成了真实的"
（Comedy Central，2006）。为了完成一次概念证明，科尔伯特要求
浏览者在维基百科上篡改非洲象的种群统计数据，多报数量，从而
让人感觉这种陆地上最大的哺乳动物并没有处在濒危的边缘。 *174*

[3] 这种解读《斐多篇》的方式取自约翰·萨利斯（John Sallis，
Sallis，1987：1）的作品。

引言：事物优先

　　由遥远的、混乱的、非本质的直
觉——如果这也能算是直觉的话——
带来的意义是不够的，我们必须回到
"事物本身"。

［Husserl,1975（1970）:252］

　　海德格尔关于物的学说是深刻的
洞见和怪异的神秘主义这两者的奇怪
组合。

（Feenberg,1999:194）

　　物是什么？我们都知道物是什
么,我们每天都跟物打交道。的确,
"物同日不同"。在一定程度上这句俗
语揭示了时间性的特征。事物在时间
中存在/持存;有的事物每天都相同;
有的事物今天是这样,明天是那样。
尽管如此,没有人(或至少表面上几乎
无人)会对于事物是什么这个问题感
到困惑、惊讶或茫然。不过,正如以上
那段胡塞尔(海德格尔的老师)的引文
所指出的那样,理解的本真性要求**我
们必须回到事物本身**。用海德格尔的

话来说,我们必须特别留意我们处理**在—世界—之中**的物体的方式。如果我们不去留意的话,就要面对一个非常现实的风险,即:如果我们把事物视为天经地义的(直接),那么我们就是在让自己受"遥远的、混乱的、非本质的直觉"的摆布。屈从于这样的直觉是危险的,我们对此要予以重视。这是因为,如上所述,媒介是中介,它以某种方式把自己置于我们与事物之间,但我们却很少注意或承认这一点。

"海德格尔在 1935—1936 学年的课程开始时宣称,跟物有关的问题是形而上学中最古老、最神圣、最根本的问题。该课程的内容后来在《物的追问》(*The Question Concerning the Thing*)这本书中发表。"(Benso,2000:59)尽管海德格尔认为"什么是物"这个问题具有重要意义,但他十分清楚,这个问题从表面上看是荒谬而可笑的。事实上,在课程伊始,一向冷静严肃的海德格尔在谈到这个问题滑稽的一面时,讲了一个笑话,一个"柏拉图在《泰阿泰德篇》(*Theaetetus*)中提到的小故事"(这样讲课很不像是海德格尔的风格)。

泰勒斯(Thales)在仰着头认真地研究天空时掉到了井里。一个美貌机智的色雷斯(Thrace)女仆嘲笑他说,你也许满怀激情,想了解宇宙中的所有事物,但是却没有看到自己鼻子底下、脚底下的东西。柏拉图补充说:"这个笑话适用于所有其他沉迷于哲学的人。"因此,"什么是物?"这个问题想必是一个要受到女仆

嘲笑的问题；一个真正的女仆总会找到什么可
笑的东西。（WIT:3）

97

　　这就是我们平时所说的现实可见的幽默,"它之所以
可笑,是因为它真实"。

　　哲学中的一些问题会使哲学看起来不是什么好东
西,或者至少是有些可笑,而"什么是物"看起来就是这
样的问题之一。只有哲学会吊在这样的问题上,正如只
有哲学家才会凝视天空,思考"宇宙中的所有事物",而
且还在这个过程中,不可避免地忽视了就在手边、就在
鼻子底下的东西。而其他人,即便是家仆,都知道事物
是什么,并且不会在辨别或处理事物的时候有什么问
题。只有哲学家才会陷入这个问题,才会掉到井里,甚
至更糟。尽管危险是存在的(或者说,正是因为有危
险),海德格尔才愿意冒险进入这个问题,哪怕显得愚
蠢。他这样做,是因为"什么是物"这个异常重要、能够
产生深远影响的核心问题被人们在沉默中忽略了,而他
似乎从那个女仆的嘲笑中学到了什么,并要进行回应。
于是他不再凝视天空,不再看那些遥远的东西,而选择
去关注近处的东西,关注那些"在鼻子底下"的东西。有
鉴于此,本章将会探讨海德格尔对物的分析,而这样一
种分析有助于突显本书的一个关键主题:对媒介环境进
行哲学分析——媒介环境就在当代受众的鼻子底下,但
人们通常缺少对它的充分认识。人们首先必须从哲学
层面关注媒介,而这样做的原因就在于,海德格尔以相
当激进的方式就我们对物的最基本的假设进行了追问。

98 从这种视角来看,媒介确实发挥着特别复杂而重要的作用,它们的作用既体现为固定不变的东西(高清电视屏幕、设计巧妙的智能手机、数码相机和 MP3 播放器等技术装置),又体现为表象(由计算机生成的高清图片,环绕立体声,以及人们期望由这两者带来的增强现实,等等)。

尽管海德格尔只是偶尔提及媒介,但是我们可以以媒介为现实案例来理解他的许多关键概念。进一步讲,社会正在不断被数字化,生活被中介化的程度如此之深,深到了马克思所说的"一切坚固的东西都烟消云散了"的程度。正是在这种情况下,海德格尔对物的现象学分析变得越来越重要了。这种分析对于一个网络化的数字社会特别切题,因为它超越了那种看似自明的理解——这种理解只是将物视为物体,视为对象,所以这种理解终归是片面的。相比之下,海德格尔更为丰富的现象学阐释则更有助于说明**物性**到底与人类之关切和在无形的、非物性的环境中发生的行为有何种关联。通过这样做,海德格尔阐明了**被中介**的事物看似无形,实则根本的现象学方面——而那些事物通常仅仅被我们经验为"用具"而已。

用具与物①

　希腊人用一个较为合适的词来表示"事

---

① 译者注:原文为 The Thing about Equipment。作者在此用了双关语:一是表示他们要谈一些关于用具的东西(things),二是表示用具本身就是物。译者将其直接译为"用具与物"。

物"：πράγματα（pragmata），或者说，就是一个人
在操劳打交道（πραξις）①之时要与之打交道的那
个东西。但是，从存在论的层面讲，πράγματα 所
具有的"实用的"特征恰恰被希腊人掩盖了起
来，他们"一开始"就把它看成是"纯粹的物"。
我们把我们在操劳中照面的物体称为"用具（英
文 equipment，德文 Zeug）"。

（BT：96-97）

我们倾向于使用"天经地义的""最简单的事情"这些
常见的表达，这种过度熟悉导致的轻率说明了我们在分
析物的那些容易引起误解的明显特征时需要直面的问
题。我们所使用的词语在辨识出物的同时却摒弃了它们
的"物性"。海德格尔对"物"的分析始于《存在与时间》。
正如以上引文所示，他追溯西方哲学传统的根源并指出
我们在探寻自身与物的关联的真正的现象学本质时的盲
点。海德格尔强调，对古希腊人来说，日常用品，也就是
所谓 pragmata，仅仅被视为"纯粹的物"。不过，"纯粹的"
这个词有种不屑的意味，它使潜在的意义变得模糊
了——即使到了今天，这些东西也仍然是模糊的，特别是
当人们把"实用的"理解成"纯粹"由情境所要求的事情
时。因此，不论是过去还是现在，实用之物都存在于一个

①　译者注：此处的 concernful dealings 译为"操劳打交道"。在海德格尔的
文本中，concern(ful)带有"操劳、操心"的意思，而不能仅从"关心、关
切"的意义上理解。请参阅：海德格尔. 存在与时间[M]. 孙周兴，译. 北
京：生活·读书·新知三联书店，2006：80，503.

次要的层级,其地位明显低于那些更高的关切。不过,正像在分析其他事物时所做的那样,海德格尔要把事情倒过来看:他并没有回避实用性,而是把那些更高的关切带回到它们的实用性之本原;或者有意用具有自反性和迷惑性的说法来讲,我们在对待那些通常只被我们视为实用之物的东西时,应该持更加实用的态度。

上述古希腊人的情况表明,人们倾向于忘却物这一点在西方文化中由来已久。不过,海德格尔关注的却是"操心""用具"这样的概念,以便使我们注意到物的现象学属性,使我们不再把物当成手边的不重要的东西。海德格尔尝试去分析我们使用的东西何以与更广的总体性保持固有关联——这个总体性尽管并没有以物理方式存在于事物自身之中,但却在塑造我们与该事物打交道的方式时发挥着关键作用。海德格尔分析物的视角是相当独特的,可以算是以一种特殊方式落实胡塞尔的"回到事物本身"的要求。海德格尔并没有仅仅观察事物或是试图洞察事物的隐秘之处,而是主张对日常之卷入关联①,对我们的**行为**进行分析,因为我们正是借此才发现自己本已**与在—世界—之中**的事物打上了交道。因此,任何事物之所以成为事物,就在于它总是包含并指涉一种"为了……(for which)",或者说,"到……(to which)"的目标。事物之所以能够以它现在的样子存在,就在于

---

① 译者注:*Bewandtnis*(involvement)在《存在与时间》中译本中被译为"因缘",但译者在本书中仅将其译为"卷入关联"或"卷入"。请参阅:海德格尔. 存在与时间[M]. 陈嘉映,王庆节,译. 北京:生活·读书·新知三联书店,2006:98。

它对于某种任务来说是有用的,就在于它被用于某些特定的目的。

　　不过,像以往一样,海德格尔总是要多走出一步。他指出,并非是说,我们与这些用具一个一个地打交道,而这些用具仅作为单个的东西一件一件相互区分开来。相反,如果我们观察现实情况的话(或者说,如果我们是优秀的现象学家或经验研究者的话),那么我们会发现,当我们卷入用具之中并与之打交道时,我们总是已经处在一个由相互关联的事物构成的总体之中了。为解释这一点,海德格尔用他的书房作例子:显然,这间屋子里有各种各样的用具,笔、纸、桌子、椅子、灯等。海德格尔说,这些事物从未以孤立的形式与我们照面并呈现出来,因而也并未以孤立的形式堆积起来以至塞满这个房间;相反,我们遇到的这些东西,也就是我们随时可用的东西,就是作为总体的房间。这个房间并不是处在四面墙之间的一个封闭空间,而是一个有助于生活和工作的用具总体(BT:97-98)。因此,人们首先接触到的是一个统一的事物总体,也正是从这种预先的"安排"中,在我们卷入各种关联并展开各种活动的过程中,单个的用具最终浮现出来并如其所是地呈现自身。如果用上一章提及的术语来讲,上述状况就说明了事物之存在何以摆脱那种在其环境中的无差别状态并作为特殊的东西呈现出来。那么,用具的呈现透露或意味着什么呢?——这正是海德格尔在后面分析**上手性**时所要说明的。

上手性，或为什么一切事物都是媒介

> 这种**用具**的存在论状态或者说它的存在类
> 型首先呈现为"上手性"，即：仅当某物被我们用
> 于某种特殊目的时，它才会成为自身，才会恰如
> 其分地获得它的"物性"。
>
> （BT：98）

按照海德格尔的说法，用具的存在论状态或其存在
类型首先就是"上手性"，这意味着某物只有在被用于某
种特殊目的时才会成为其自身，并恰如其分地获得其"物
性"。锤子（海德格尔经常用它当例子）是用来敲东西的；
笔是用来写字的；鞋是用来穿的。每件东西仅当它具有
某种它总是已经指涉的"为了……"或目的时，才成其为
自身。我们最好这样来理解上手性的重要性：上手性意
味着有种**在事物之中但却多于事物的东西**。换句话说，
人们与事物照面的首要方式，并不是凝视事物的外表以
便发现它们之所是。事物之所以存在并成为它们所是的
东西，就在于它们对某些任务来讲是有用的，就在于它们
被赋予并被用于某种特殊目的。艺术品尽管显然是"无
用的"，但人们也仍然能从其无用性中获得有用性（这就
是康德所说的"无目的的目的性"）。

102 以此方式来对物进行分析，对于我们理解自身与媒
介的关系来说至关重要。虽然有些研究者本应被视为媒
介理论家，但这些研究者的理论却与海德格尔的思想存

在关联。瓦尔特·本雅明（Walter Benjamin）于1936年完成了《机械复制时代的艺术作品》（The Work of Art in the Age of Mechanical Reproduction）这篇影响深远的文章，而这篇文章提到的内容就与我们在此分析的情境相似。在本雅明看来，大众媒介带来的新的感知形式在规模和范围上是前所未有的。为描述这种情况，他乐观地用建筑物打比方并指出，我们对电影之类的技术的体验，相当于我们与建筑物之间"注意力分散"的互动——我们只是自然而然地住在建筑物里而已，并没有把注意力放在建筑物上。克拉考尔亦使用了类似的概念，只是态度更为悲观。他指出：

> 报亭从一片嘈杂之中挺立而起，整个世界的出版物都在这个精巧的神殿中汇聚起来……不过，唉，这些报纸之间互不相识，每一份都折叠起来，满足于自说自话。纸张之间的物理关系的确是紧密的，不过，它们登载的各种不同的新闻却毫无关联，它们彼此之间也不会传递信息。盲目性的恶魔就在这个缺口中占据了无上的统治地位。［Kracauer，1995（1963）：43］

麦克卢汉（McLuhan，1995：32）所使用的比喻则是，"媒介的'内容'就像一块喷香的肉一样，被窃贼用来分散看门狗的注意力"。麦克卢汉借此说明，对媒介的自我消费往往以一种无反思的方式被完成。可见，他在帮助我们理解媒介时——《理解媒介》正是麦克卢汉最重要的作品——借用并发展了海德格尔的上手性概念的内在含义。在麦克卢汉那里,"涉嫌"成为"媒介"的并不只是像报纸、广播、电视之类的东西,相反,他以更广泛的方式(用海德格尔的话说,就是以"本体论"的方式)对这个概念进行了界定,并将其视为人类能力和卷入关联的延伸(McLuhan,1995:4)。他举的一些例子现在已被人们熟知,包括:轮子是脚的延伸,电视是眼睛的延伸,等等。保罗·杜利什(Paul Dourish)用鼠标的例子很好地把海德格尔和麦克卢汉的思想联系了起来(尽管他并未提及麦克卢汉):"让我们以这个与我的电脑连接起来的鼠标为例。多数情况下,我**借助**鼠标来行动。在选择对象、处理菜单等操作中,鼠标就是我的手的延伸。用海德格尔的话来讲,鼠标就是上手之物。"(Dourish,2004:109)

在《存在与时间》中,事物可能拥有的一种存在方式是"把某物用于某物"(BT:100)。不过按照西尔维亚·本索(Silvia Benso)的说法,"这并不意味着所有东西都是工具,并不意味着所有东西都是可以被此在物尽其用的东西,而是意味着这些东西向此在揭示自身,并且因为其自身的存在和所要完成的任务而被赋予了某种形式的意义"(Benso,2000:79)。因此,与上手性相关的一个重要结论是:任何事物,若要成为它所是的东西,若要拥有其自身的独特存在,就必须是一种总是已经被此在所调适和掌握的东西。因此上手之物就涵盖了各种作为我们操劳打交道的一部分而在我们的预先筹备中与我们照面的东西,并继而界定了物之为物的存在。海德格尔指出:"上手性就是物体在其'自在'存在中被从本体论—存在

论的层面界定的方式。"(BT：101)

那么，这对于我们的媒介研究来说意味着什么呢？意味着一切。这是因为，某种上手之物被看作、被概念化为中间物或媒介。事物之所以存在，之所以成为其所是，就在于它们首先是用具，是手段，是相对于某种目的的手段（下一章将会探讨把事物理解成"为达到某种目的的手段"的全部含义）。因此，媒介并不仅仅是一种东西或一类东西。所有事物，就其是某物而不是虚无而言，全部已经是**媒介**了。这一洞见引出的一个重要结论就是，我们与事物之间的一些互动尽管表面看来是中性的，但实际上却是以一个完全被视为自然而然的目标或"为了……"为前提/基础的。这个**中介化**的过程实际上刻画了此在在—世界—之中—存在并与某些特定物体打交道的模式——这些物体与媒介相关，并且其内在目标无疑就是**发挥中介作用**。本书剩余的部分还将继续对此进行探讨。

如果说上文讲的全部内容听起来有些难以理解，那是因为任何上手的东西本质上都是透明可见的，都不会引起人们的注意，甚至根本不为人们所见。上手之物的矛盾之处就在于：它们在其最本真的形式中必然从我们的眼前消失。在我们的日常操劳和行动之时，我们关心的是必须完成的工作，而不是我们用来完成工作的特定工具（BT：99）。或者，正如迈克尔·齐默尔曼（Michael Zimmerman）以海德格尔锤子为例所讲的那样，"在专心敲打鞋底的过程中，鞋匠**并没有注意到锤子**。相反，工具其实是透明的，它无非是鞋匠的手的延伸……这是因为，

104

正常工作的工具必须是'不可见的';为了让工作得以完成,工具必须消失。"(Zimmerman,1990:139)这一观点也适用于媒介。媒介之所以能够发挥作用,能够有效地发挥中介作用,就在于它们本身是不可见的,它们从视线中退出,从而使观者/读者/听者获得按媒介自身的设计所应传达的内容。换句话说,我们并不是在看电视机,而是在看它播放的足球比赛、新闻纪录片或电视剧集。因此,那些"本真的"顺手的东西正是那些从视野中消失、退却的东西,正是那些人们能够"看穿"并继而完成某些特定任务的东西。鲁多夫·贝尔奈特(Rudolf Bernet)解释说:"对重要的此在来讲,事物的正确使用就在于让它们随这些指引关系而去,而不要停下来思考它们……对事物含义的有效理解就在于把它们视为理所当然的,而不去注意它们。"(Bernet,1994:260)不过,这里的问题恰恰在于。当我们确实注意到这些事物时,又会怎样?

在手性和技术性问题……请稍候

> 显著性(conspicuousness)、突兀性(obtrusiveness)和无可回避性(obstinacy)之模式都具有一种把在手性从上手性中带上前来的功能。
>
> (BT:104)

海德格尔用**显著性**、**突兀性**和**无可回避性**来描述我们被抛出上手之体验的情境。我们通常在遭遇失败的时候会觉察到用具的显著性。比如,我们正在看一场重要比赛,这时停电了,于是我们只能目瞪口呆地望着空无一物的电视屏幕。或者,就无可回避性而言,回想一下英国电视剧《弗尔蒂旅馆》(*Fawlty Towers*)中令人印象深刻的一幕:巴兹尔·弗尔蒂(Basil Fawlty)认为他的那辆迷你库珀"故意"拒绝启动,灰心丧气地拿树枝抽打它。[1]换句话说,当事物不再有用或"顺手"的时候,就会以显著的、突兀的方式跳出来成为直接沉思的对象。(这里我们要重申的是,"顺手"这个词的哲学意涵比我们通常认为的重要得多。)在这些情境中,事物仅仅被揭示为"在手之物"。严格来讲,这种存在模式是一种第二性的、阙失的、否定的模式。仅当某物"不再上手"的时候,它才作为在手之物成为可通达的并呈现自身(BT:103)。

我们的技术装置——汽车、洗衣机、电视、智能手机等——大多仅在出现技术性问题或故障,以致无法像往常一样正常工作时,才会对我们呈现出来(图 3.1)。在这些特殊时刻,这些装置作为显著的、突兀的,甚至是令人厌恶的对象(比如在巴兹尔·弗尔蒂的例子中)出现在我们面前。事实上,"对象(object)"这个词在这种情况下特别能引发联想。海德格尔用德文单词 Gegenstand 来表示对象;从字面上看,它是指某种被向对面(ob/gegen)抛出(ject)的东西,或站(stand)在我们对面的东西。例如,在技术性问题出现时,电视机"站出来","反对"我们的专注。电视机只要能正常工作,就是一个能让我们从中看到东西的"世界之窗",不过电视机本身却从我们的视野中退出了。实际上,早期的电视都是被放在木盒里的,并因此能与起居室里的其他家具很好地搭配起来;这样的设计使得电视机在关闭的时候也不会显得突兀。而现在则相反,等离子屏幕的超薄外形使电视能够嵌挂在墙壁中。

107

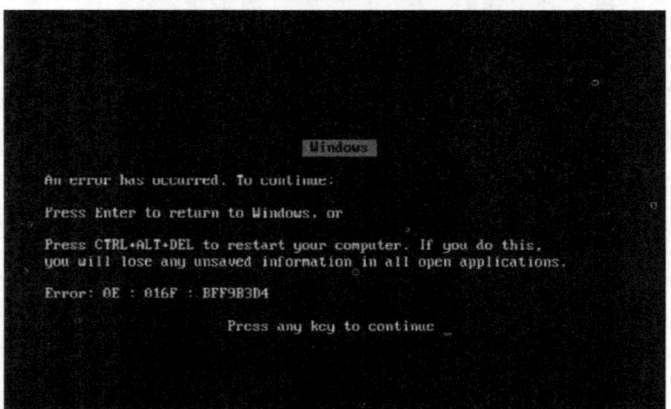

图 3.1 两幅明确代表技术性故障的图片:一个是电视的"请稍候",另一个是 Windows 系统的"死机蓝屏"

事物会失灵,会崩溃,它原本顺手的、具有上手性的正常功能会被打断,仅在这时,它才会成为在手的。本索写道:"当事物呈现出不可用性之时,当事物丢失时,当事物对于此在之操劳成为'拦路'之物时,事物的用具属性就会在否定性(via negativa)中被明确地领会。"(Benso,2000:82)在海德格尔看来,这种现象会以下列三种模式或方式出现:

第一,**显著性**。某物在不可用时就会变得显著;也就是说,当它出了故障,不再按原初设计服务于某种用途时,就会变得显著(BT:102)。有的东西一直都能用,一直都是上手的,能够被用来完成某项工作,但是现在它显然不能用了,成了不上手的,这时,人们对显著性的体验就发生了(BT:102-103)。以杜利什所说的电脑鼠标为例:当一切正常时,鼠标是不显著的,"我借助鼠标来行动;在选择对象、处理菜单等操作中,鼠标就是我的手的延伸"。

不过有时,我对鼠标的态度会发生改变。例如,我触到了鼠标垫的边缘,无法再进一步移动鼠标了。这时,我就会意识到鼠标在我的行动中发挥着中介作用。而我之所以能够意识到这一点,就在于我的行动被打断了。鼠标成了我注意的对象,于是我把它拿起来,放到鼠标垫的中央。当我以这种方式操控鼠标时,当我意识到它是我的行为的对象时,它就是**在手**的。
(Dourish,2004:109)

168

第二，**突兀性**。当某物丢失时，它就是突兀的，或成了突兀的。海德格尔解释说："我们在操劳打交道之际，不但要面对从那原本上手的东西中冒出来的不可用性，而且还会发现一些东西丢失了——不仅是不'顺手'，而且根本不'在手边'。"(BT:103)汽车钥匙就经常以这种方式成了突兀的：它原本是有用的东西，是为了交通的目的而存在的上手之物，而现在却从眼前消失了。我们本可以离开公寓，跳进车里，在马路上杀出重围，最终到达目的地；然而，一旦钥匙找不到了，比如掉进了沙发垫里，那么我们就明确意识到了它的丢失。在这种情境下，本来作为上手之物而根本不可见的东西，却因其**不在场**而成为在手之物。

109

第三，**无可回避性**。还有些东西会挡住我们的去路，它们对我们的卷入关联无益，但却妨碍了我们的行动。这种事物顽固地"'阻碍'了我们的操劳之事"(BT:103)。以电影和视频剪辑里的"跳接"为例：传统的好莱坞式剪辑手法已经相当成熟了，能够让两个镜头以易于理解的方式无缝连接起来，形成一种时间和空间连成一体、未被打断的表象。典型的连续性剪辑，如其名称所示，要确保各摄像机位视角之间的动作连戏，从而形成一种时间上未被打断（或至少从表面上看未被打断）的动作流。另外，这种剪辑手法大体上遵循所谓的"180度准则"，即：要尽量避免跨越镜头所要呈现的对象之间的轴线；如果跨过了这条轴线，不同机位之间就会失去空间连续性。特别是，这种技巧常被用于保证对话的两个角色"面对"对方，并且看起来处在同一个位置。而跳接则是对连续性剪辑的中断和干扰,这一点明确体现在谢尔盖·爱森斯坦(Sergei Eisenstein)1925 年的电影《战舰波将金号》(*Battleship Potemkin*)和让‑吕克·戈达尔(Jean‑Luc Godard)1960 年的处女作《筋疲力尽》(*Breathless*)中;事实上,所有的音乐短片在制作时都用到了这种技巧。如其名称所示,跳接带来了时间上的非连续性,因为它有意跨越 180 度线,从而打乱了动作连戏,打乱了屏幕中的空间连续性。这样一来,镜头的剪接就成了给屏幕上的动作"挡路"的东西,并且在其无可回避性中作为某种在手的东西跳出来。或者,用更准确的话来讲,只有当剪辑技巧本身成为我们观看体验的一部分并且不再打断叙事流的时候,我们对在手性的体验才不会出现。比如,我们可以回想一下《纽约重案组》(*NYPD Blue*)这样的电视剧尝试使用的晃动镜头或跳接技巧。这些技巧起初让人感到非常混乱,但显然,现在它们已经成了我们上手的观看体验的一部分。

　　就我们理解媒介的方式而言,海德格尔对在手性与上手性的区分有着深刻的(甚至是革命性的)影响。海德格尔以前的哲学家——这里指的是自柏拉图时期开始的漫长历史中的重要思想家——都在以抽象的方式分析事物,把它们仅仅当成在手之物。事实上,哲学家们在思考事物时通常抽去事物的所有偶然属性,抽去所有人们灌注在事物中的价值,特别是,还要抽去事物在被人们使用时所具有的实践功效。比如说,这种方法的原型就出现在勒内·笛卡尔的著作里。笛卡尔说,我们通常会把特定事物(比如一块蜡)跟一些因素联系起来,

110

包括它的可见外观、质地、颜色、味道等。但是,相对于这个事物的真正所是而言,所有这些因素都不具有实质性[Descartes,1988(1983):84-85]。的确,笛卡尔对我们在运用感官时可通达(或至少有通达的可能)的各种东西都提出了合理的质疑,并得出结论说,像蜡这样的事物的存在,"不在于它是某种硬的、有重量的或有颜色的东西,也不在于它能够以某种方式影响感官,而仅仅在于它是某种有长度、有宽度、有纵深的东西"[Descartes,1988(1983):190]。

海德格尔敏锐地注意到,笛卡尔是在进行一种认知抽象,而柏拉图的《泰阿泰德篇》中的故事批驳并嘲讽了这种方法。因此,海德格尔得出结论说:"笛卡尔关于这个世界的理念在本体论上是有缺陷的。……他的阐释以及这些阐释所依据的东西使他忽视了世界中的现象,使他忽视了在—世界—之中的、首先是上手之物的物体的存在。"(BT:128)海德格尔并没有像笛卡尔、康德等人一样沿着理论抽象的路径走下去,而是在相反的方向开辟了一条道路:他要从日常实践的卷入关联开始,从"操心着的融入状态"开始。这是因为,只有在这种状态下,事物才是完美的上手之物,才不会作为突兀的、显著的或无可回避的物体与人照面。相应地,更加抽象的揭示样式,也就是海德格尔所说的"在手之物",则被视为事物之存在的附属的、衍生的样式。

对被中介之物的追问

> 当我们让物在其为物的存在状态中从发挥
> 世界之作用的世界中依其本质存在时,我们就
> 会昭示作为物的物。由此可见,作为物的物会
> 与我们照面。我们的存在是有条件的(就"条
> 件"这个词的严格意义而言)。至此,我们已抛
> 开任何无条件之物所具有的傲慢。
>
> (BFL:19)

如以上引文所示,海德格尔在其早期作品中声称"物
性必定是某种无条件的东西"(WIT:9)。不过,他转而意
识到,有必要抛开"任何无条件之物所具有的傲慢"。他
一方面不断尝试在物之物性中对物进行思考,另一方面
也承认此在对世界的揭示。因此,对物的追问对他来说
一直是一个重要议题,甚至是某种长期令他困惑的问题。
在 20 世纪 30 年代,他对物的追问重现于《什么是物》
(What is a Thing?)和《艺术作品的本源》中;海德格尔对
这个议题的思考在战后一篇名为《物》的文章中达到了巅
峰。该文虽然发表于 1954 年,但它实际上脱胎于海德
格尔 1949 年不莱梅讲座的第一部分"对于存在之物的
洞见"(Insight into That Which Is)——这是二战后海德
格尔首次受到官方邀请进行演讲。如果说海德格尔自
20 世纪 30 年代中期离开弗莱堡大学校长职位后闭门
不出,忙于所谓"秘密写作"(Ruin,2005:358)的话,那么

112

不莱梅讲座则意味着他又谨慎地回到了公共生活中。不过最重要的是,这一系列讲座的四次课包含了三篇关键文章的最初形态。这三篇文章是《物》《技术的追问》(The Question Concerning Technology)和《转向》(The Turning),正是这三篇文章确立了海德格尔的后期思想。

不莱梅讲座的总论部分标题为《参照点》(The Point of Reference)。这个总论加上《物》的公开发表版本,意味着海德格尔要做一些与人们所设想的相当不一样的事——从总体上谈论传播和媒介,特别是电视技术。正如本书导言所强调的那样,在海德格尔看来,电信技术的重要性和效果总体来看是非常明显的——它取消,甚至消灭了物理距离和物理延迟,而这一情境以往从未出现过。对此,海德格尔提出了一系列富有见地的探索性追问:

> 遥远的距离被消除了,一切事物都一样远,一样近。那么,在此情况下又会发生什么呢?任何事物都既不远又不近——看起来,距离都消失了,这种一致性意味着什么呢? 一切事物都在无差别的去远性(distancelessness)中堆叠起来,这又如何可能? 与事物之分崩离析相比,这种一切事物都无距离地融合在一起的情形,难道不是更不可思议吗?(TT:166)

对海德格尔来讲,这种不可思议的去远性与物有关。的确,基于电信技术的媒介似乎使得所有距离都缩小了,各种事物无疑靠得更近了。但就是在这种情况下,物,也

113

就是作为物的物,却离我们最遥远,而且触不可及。海德格尔写道:"我们显然不能与切近性直接照面,只能通过观照切近的东西才能触及切近性。那些跟我们切近的东西通常被称为物。但是物又是什么呢?到目前为止,人类还没怎么思考过切近性,对作为物的物的思考就更少了。"(TT:166)因此,海德格尔认为仍有必要提出那个基本的、补救性的问题:什么是物?

回答这个问题的第一步是把物跟对象区别开来。要想明确这其中的区别,就应当回顾并借助长期以来人们在对象与物之间所进行的哲学层面的区分。在德国哲学中,伊曼努尔·康德的思想可以充当这个议题的切入点。康德的里程碑式的著作《纯粹理性批判》(*Critique of Pure Reason*)于1781年出版,并在1787年进行了修订。众所周知,康德在书中区分了对象和物自体:对象通过感官的中介呈现给我们,而物自体总是,并且永远都是遥不可及的。如上所述,按照海德格尔的解释,对象占据了与我们相对的位置。它与我们对立的方式有两种:要么相对于感官直接在场,要么以心理图像或表象(representation的字面意思就是"再一次在场")的形式被回忆起来。因此,事物并不就其自身而言是对象;它之所以成为对象,是因为它被放在了主体的对面,与主体对立。海德格尔在不莱梅讲座的第三部分精辟地总结道:"出现在对面的是为主体而存在的客体。"(BFL:37)

尽管海德格尔并没有在《物》中明确提及以上内容,但他对于对象的思考无疑与《存在与时间》中阐发的思想相关。事物作为某种原本上手的东西,总是已经隐入此

114   在跟世界操劳打交道的过程中。这样的用具完全是顺手
的,事物并没有挡住我们的路,也没有以任何方式反抗我
们,因此,它(还)不是对象。然而,那些因显著性、突兀性
或无可回避性而成了在手之物的东西,确实在突然出现
或妨碍我们操劳之时成了被表象的明确对象。如上所
述,我们所拥有的各种各样的媒介工具——笔记本电脑、
智能手机、平板电脑或电视机——起初并没有成为我们
思考的明确对象。只有当我们无法用它们来上网、观看
视频或下载音乐时,它们才会成为对象。仅当这些事物
失灵或突然开始与我们作对时,它们才会成为突兀和显
著的对象。因此,"屏幕/屏蔽(screen)"这个词无论是被
当成名词还是动词,都意味着不存在突兀感:作为名词,
它意指那本身不引人注目但却可以播放各种数字信号的
平面;作为动词,它意指防止我们对技术装置本身进行
思考。

因此,如果参照《物》的观点来讲,《存在与时间》更多
是在谈对象和对象化,而不是"物性中的物"。色情内容
有助于我们更好地洞察对象问题——媒介领域的各种新
技术,无论是盖达尔照相法(daguerreotypes),还是互联
网,都被人们迫切地用于传播色情内容。"色情内容的问
题",正如人们常说的那样,就是把女人(不过也包括其他
人)变成了性对象。色情内容把女人这个他者非人化,把
她变成一个仅为某个占主导地位的男性主体的享乐而存
在的对象。因此,批判色情内容的领军者,比如安德烈
亚·德沃金(Andrea Dworkin)和凯瑟琳·A. 麦金农
(Catherine A. MacKinnon)声称:"性别压迫的最主要手

段就是把女人对象化,而且色情内容就代表了这种对象化。"(Scott,2005:36)总的来看,海德格尔极少谈论媒介,更没有提及色情问题,不过他所关注的正是这种对象化冲动。在他看来,这种冲动就是一种主导力量,一种施加控制性影响的东西——更具体地讲,他所关注的就是科学。事实上,就我们平时颇为乐观的理解而言,科学要么是"客观知识"的典范,要么是用来获得"客观知识"的模型。

115

　　如何界定一个物呢?比如说,如何界定一把壶?——在《物》这篇文章中,海德格尔总爱用壶来举例。从表面上看,物理学完全能够给出某种界定。虽然"容器的物性"似乎在于,(如海德格尔所说)它是"能装东西的空无",但是,"物理学却告诉我们壶里其实是充满空气的",并且,这个容器可以装液体,比如水,当然,也可以把水换成酒(TT:169-170)。不过海德格尔又说,科学并不把物作为物来对待,它只通达"科学的对象"。他承认:"物理学的陈述是正确的,借助这些陈述,物理学能够表象某种现实的东西,并且要客观地服从这些东西。不过,这个现实的东西就是壶吗?不。仅当科学所特有的那种表象预先把一个东西看作科学可能的对象时,科学才会与这个东西打交道。"(TT:170)要注意的是,虽然海德格尔持有如上言论,但他无论如何也不是一个反科学的激进批判者。他希望指出的是,科学确实能够发挥作用,而它之所以能够发挥作用,就在于它把一切事物都转化成了实验表象的对象。这种做法只能让科学掌握相当有限的东西,掌握孤立的对象,而未必能让科学触及事物本身。

科学的这种限制可以在近期人们发现的希格斯玻色子的例子中得到很好的体现。希格斯玻色子此前一直不幸地被称为"上帝粒子",它被视为粒子物理学中的一种基本单位,在理论上是使得其他基本粒子获得质量的东西。2012年夏天,科学家在瑞士日内瓦的欧洲核子研究中心(European Organization for Nuclear Research,CERN)利用大型强子对撞机进行了一系列实验,实验生成的数据与先前关于希格斯玻色子的假设相吻合。

善意的记者询问实验团队,他们所发现的到底是不是希格斯玻色子,而这些物理学家却谨慎地回应说,他们发现的只是数据。数据显然只是一种表象,暗示了某种对象的在场,并且,从统计学上看,这种在场与理论描述的粒子的属性一致。海德格尔也意识到了这种局限性,他宣称:"科学知识在它自己的领域里——也就是在对象的领域里——具有强制性,并因此已经消灭了作为物的物。"换句话说,在客观的科学知识的领域中,"物的物性仍然被遮蔽着"(TT:170)。我们现在可以回到"出发点"上得出结论:对象化的力量就藏在媒介和物理学中;表面上看,这种力量把遥远的、显然不可触及的东西带得越来越近了,但实际上,我们通过它得以触及的仅仅是对象而已。

海德格尔对对象的拒斥

物之物性……并不在于物变成表象的对象,它也并不取决于对象的客观性。我们固然可以不把对象之对立简单地看成因我们的表象

而产生的东西,固然可以把这种对立看成属于
对象自身的东西,但即便如此,物性也仍然不取
决于对象的客观性。

(BFL:5)

海德格尔区分了作为物的物和以对象(Gegenstand)
的形式出现的物之对象化。与对象不同,物"并不**借助**人
的制作行为出现"(TT:181)。物是独立的,或者说,是自
持的(英文 self-standing,德文 selbstständig)。海德格尔
用壶这个易于理解的例子来表达自己的复杂思想,他
写道:

> 壶是一个物,但它并不是罗马人的 *res*,也
> 不是中世纪的 *ens*,更不是现代意义上的
> object。① 壶是一个物,因为它以物的形式行事。
> 也仅在物以物的形式行事时,像壶这样的在场
> 之物的在场才会自行发生,才会以适当的方式
> 呈现自己,决定自己。(TT:177)

海德格尔指出,物并不是罗马人用拉丁文 *res* 所指称
的东西,后者虽然常被译成"事物",但本身却意指"一件
事务,要争论的问题或案件"(TT:175)。物也不是中世
纪欧洲哲学家在提及 *ens* 时所想到的东西,后者虽然也常

---

① 译者注:海德格尔详细分析了 *res* 与 *ens* 的区别。请参阅:海德格尔. 演
讲与论文集[C]. 孙周兴,译. 北京:生活·读书·新知三联书后,2005:
182-184.

被译为"事物",但它本来指涉的是"站立于此并因而在场
的东西"（TT：175）。把物看成现代科学中的 object 或
Gegenstand 同样是不合适的。物根本不是这些东西。不
过，海德格尔说的话也让人感到莫名其妙，而且听上去还
是同义反复的，如"物之物性"和"物以物的方式行事"，等
等。那么，海德格尔想要表达的又是什么呢？

　　海德格尔在这篇文章中谈论的东西非常激进（其实
他在别的作品中谈到的东西也是如此）。他认为，那些把
物视为客观的东西的思维不足以涵盖物。换句话说，海
德格尔希望对物进行概念化的方式能够超越以前被用来
进行概念化的方式的限制。他不但要切入这个议题，而
且还要在这样做的过程中，超越标准的主客体关联——
对象成为一种挺立在相反位置与认识的主体相对立的东
西。也许最需要人们注意的是，海德格尔一方面想要谈
及或表象跟事物有关的东西，另一方面，他又希望自己在
这样做的时候能够回避表达或表象的一切可能形式。表
面看来，这是一个不可能完成的任务。这是因为，客观表
象一直在发挥作用，而这种作用就在于构造并界定条件，
使得说出来的话能够具有某种意义。相反，表达者若要
拒绝采用既有的表达方式，就得冒制造无意义的话语的
风险。

　　"物"这个词太宽泛了，能涵盖一切东西，但又不能很
好地表达什么东西。[2]因此如果我们纠结于这个词的话，
就难以看出海德格尔到底会怎样进行分析。也许，使他
的分析能够得以展开的唯一途径就是，对我们平时用来
对事物进行概念化和描述的那些看似天经地义的方式提

118

出质疑,把这些方式本身视为有待研究的问题。毕竟,他
要尝试分析的正是被内在具有上手性的语言以某种方式
压制的东西。从整体上看,思维本身的特征就是对象化。
为解决这个问题,海德格尔尝试向人们展示一种思考方
式,这种思考方式具备足够的能力去挖掘**物**真正具有的
那种真实性,而这种真实性是对象所没有的。海德格尔
的文本不可避免地会用到各种晦涩的表达方式,而且从
原则上讲,这些文本中的表述方式也显示出海德格尔从
事的是某种本身具有挑战性的、打破陈规的伟大工作。
这些表达方式常常被人们有意看成是诗性的,而不是明
晰的、客观的哲学分析(请参阅第一章)。不过,这是我们
要付出的代价——人们有一种把事物进行对象化的倾
向,而这种倾向最晚近的、(不)合逻辑的后果就是当代媒
介的发展。因此,如果我们要以本真的方式回应这种倾
向,如果我们要反抗这种倾向的话,就必须付出这个代
价。海德格尔借助这种表述方式,所尝试的就是"跳出限
制"进行思考,从而摆脱对象化,为我们提供真实的、富有
创新性的阐释。而这样一来,思考就被置于事物之中了。

结论:被称为媒介之物所包含的关键特征

> 有一种东西是鱼完全不了解的,这种东西
> 就是水。之所以如此,是因为不存在一种反-环
> 境使得鱼能够对它们居于其中的水进行感知。
>
> (McLuhan,1997:175)

119   海德格尔对事物进行了各种各样的分析。就被我们称为媒介的事物而言，海德格尔的分析具有以下重要意义：

第一，**关于透明度的问题**。我们深陷于一个充满媒介的世界中，所以如同马歇尔·麦克卢汉所说的鱼对水一无所知一样，我们也时常难以觉察到媒介事实上是何种"事物"。因此，在理解媒介时接受海德格尔思想的启发，就有了重要意义。这是因为，中介化过程是如此地平稳，以至于我们平时并不能察觉到它的某些真实特征，而海德格尔的思想恰恰能够促使我们注意这些特征。麦克卢汉的名言"媒介即讯息"（McLuhan，1995：5）要强调的也正是媒介平稳之运行与其真实特征之间的并存——当然，这句名言作为一个吸引眼球的标语已经被它所批判的媒介系统收编了。在理解媒介的时候，如果我们能够接受海德格尔的启发，就可以策略性地切入那总是已经上手的东西中，让仍然不可见的东西变成明确的、在手的东西。所以说，海德格尔对**在手性**和**上手性**的区分，对于那些尝试进行批判性的媒介研究的人来说仍然是极富洞见的。我们平时总是把媒介当成透明的、不可见的东西进行消费，如果我们想继续进行媒介研究的话，就要首先让媒介变成显著的、突兀的或是无可回避的东西。在这个意义上可以说，尽管海德格尔对媒介进行的批判性解读带有一种暴力的、违背常规的因素，但这种因素却是必要的、不可缺少的——我们必须把用具打坏，让它短路，以便让用具如其自身所是地突显出来——只有在这种情况下，我们才能对其用具性进行合理的本体论思考。

这种研究路径考验的是我们能够在多大程度上认真对待(就"认真对待"这个词的一般意义而言)海德格尔所说的寻视。① 在运用海德格尔思想分析问题时,我们不能仅仅**盯着**上手的东西看,不能仅仅把它当成一个抽象的对象,而应该按其自身的运行方式去分析,去操心——此在本身就是操心着融入这高度中介化的环境中的,因此,如果我们想要整理出一系列关于这种融入状态的复杂问题的话,也必须如此这般操心。尽管海德格尔事实上已明确指出他在《存在与时间》中对上手的用具性的分析是本体论层面的,但是,同样明确的是,他的分析也具有深刻的文化意涵,并且与我们这个充斥着各种中介技术的社会高度相关。

120

第二,**在诸事物/媒介之间**。《存在与时间》的分析把所有东西都视为媒介,或者说,视为此在在与世界操劳打交道的过程中用以达到他/她的目的的手段。不过,海德格尔的战后作品(特别是《物》)试图说明的则是,被中介的表象何以向来就把事物当成对象来看待。这意味着,不莱梅讲座在开始部分首次提到的那种情境,也就是所谓的"出发点",其实就是常规,而不是例外。海德格尔指出,传播媒介的问题就在于把事物对象化,在取消距离的同时又不可避免地错失了事物,让事物处在不可触及的状态。然而,这种问题并不只是出现在那些被认为发挥

---

① 译者注:海德格尔所说的"寻视(circumspection)"包含一种为着某种目的而环顾四周的意思。《存在与时间》英译者对这个词给出了详细的解释,请参阅:Heidegger. Being and time[M]. New York: Harper and Row, 1962: 98-99。

着传播作用的典型媒介上，而是出现在一切形式的对象化表象上，连科学知识也不例外。因此我们可以说，中介化是一种原初的、普遍的现象，它一开始就把事物变成了表象的对象，而媒介那种显而易见的效应，无非只是中介化的一种征兆罢了。换句话说，并不是说，用于传播的仪器和系统通过让事物靠得更近而消除了任何可能的距离，而是说，仅当事物已经被对象化并被带得切近时，距离才显得好像是被广播、电视或互联网之类的东西的介入消除了。

因此，我们可以说，任何事物都**在诸媒介之间**存在，并在其中找到栖身之所。这意味着，情况并不仅仅是我们要与那些总是已经被对象所中介的事物打交道；那个客观存在的、处在中间的位置本来就是理解这个世界并与其打交道的基础和起点。换句话说，中介化是**第一位**的，是首要条件，我们已经在借助这个条件跟对象打交道了。任何东西如果尚处在这个在先的对象化过程的时空之外，人们就只**能用否定的方式**解释或弄清它（Benso，2000：82）。也许，也正是出于这个原因，海德格尔才要花费大量笔墨来告诉我们物不是什么。我们在第 1 章中已经提及，词源学能提供跟这个问题有关的线索。我们在理解或使用"直接性（immediacy）"这个词的时候，常把它看成与中介化相对立的东西，是后者的反义词。不过，immediacy 事实上是通过在 media 上加上否定性前缀"im-"产生的，这意味着 immediacy 是借助**否定性**（via negativa）而从 mediation 中衍生出来的概念，而 mediation 才是第一位的，才是具有肯定意义的词语。因此，事物的直接呈现是某种只能以否定的方式表达出来的东西;在这种呈现之前,我们必须预先跟被中介的表象的对象照面。人们也许会想到,这实际上与鲍德里亚[Baudrillard,1983(1981):2]的标志性表述"拟像在先"所描述的情况相似。表象,也就是鲍德里亚所说的"地图"并不取自国土,先后顺序恰恰是相反的:领土取自地图。

第三,**不存在"黄金时代"**。从上述内容可以看出,不存在某个更为优越的"黄金时代",不存在某个能让物作为物直接在场的时代。对海德格尔来讲,那种把物当成物来思考并使其停留在对象化的影响之外的尝试,并不是也不应该被解读成某种主张回归自然的保守观点;它也不是新纪元神秘主义(New Age mysticism)——这种神秘主义尊崇的是某个早已过去的时代,这个时代尚没有被现代科学、电信技术及基于电信技术的媒介所具有的对象化效应所污染。尽管海德格尔常常提及"黑森林(Schwarzwald)"农民所拥有的那种看上去简单而直接的体验,但是他并不支持或赞许那种天真的浪漫主义。对此,他强调说:

> 假如事物曾经在其物性中显示作为物的自身,那么物之物性也就成了显而易见的东西,并且能够向思主张自己的权利。然而,事实上,作为物的物仍然是被禁止的东西,是无,并且在这个意义上被消灭了。这种现象是不可根除的,以前是这样,以后也是这样,以至于物不仅不再被当成物,而且也从未能够在思之前呈现为物。
> (TT:170-171)

物之遥远,物之难以被当作物来思考,并不是什么晚近的灾难,也不存在一个与晚近时代相对应的较早时代——事物在其时会被当成物来思考。恰恰相反,事物**从未被**当成物来思考过。事物的这种深层次的消隐,也就是海德格尔所说的"对存在的遗忘",是某种向来如此的现象,而且哲学思考本身就具有这种特点。因此,至少对海德格尔来讲,不存在一个我们可以回归、尊崇或光复的"黄金时代"。我们固然可以想象,在某个伊甸园般的地方,我们可以体验到作为物的物,体验到以无遮蔽的方式赤裸地呈现在我们面前的物;就算我们摆脱了与发挥中介作用的对象化有关的各种装置、仪器和累赘,我们也并不能回到纯朴的伊甸园中。

第四,**让状况发生改变**。鉴于我们无法回到那个(本不存在的)伊甸园中,我们就不是(也不该认为自己可以是)那个掌控变化的人。对象化的问题(或者用更好的方式来说),作为物的物(the thing as thing)的退隐,并不会简单地因注意力的转移而改变,也不能通过改变人们的心灵而改变。海德格尔写道:

123

> 区区态度上的改变是无力的,不足以使得
> 作为物的物出现。正如现今没有哪个在去远性
> 中作为对象出现的东西能够简单地变成物一
> 样;作为物的物也不会简单地因我们拒绝对象
> 而出现。就算我们把先前的对象——这些对象
> 也许曾经要变成物,甚至有可能确实作为物在
> 场过——收集起来,作为物的物也仍然不会出

现。（TT：182）

换句话说，物不在我们的掌控中。我们无法利用暴力、态度上的明智转变或意志的力量来让情况发生改变，无距离的对象并不会因为我们做了什么而变成严格意义上的物。正如海德格尔描述的那样，我们"是无力的，不足以使得物出现"。

在下一章中，我们将探讨《存在与时间》的分析框架何以能够进一步发展，从而被用于分析物在高度工业化的社会中的境况。我们现在要与各种形式的媒介照面，而这种分析框架能够与我们对这些媒介的思考直接或间接发生关联。在进行这种思考时，我们对于人们"是无力的，不足以使得物出现"这一点的认识会愈加深刻，因为海德格尔在其晚期著作中详细分析了日趋复杂的技术系统何以加深了物被对象化的程度。重要的是，这一点并不等同于某种要求人们屈服的宿命论，更不意味着虚无主义（人们常常批评海德格尔的作品是虚无主义的）。相反，海德格尔对无力性的认识来自一个事实：物的对象化并不是晚近才有的现象，也不是可有可无的现象，而是一个已经完成以及正在被完成的行动——它总是已经出现了。

因此，我们无力让事情发生改变，这不是我们可以决定去做或不去做的事情。这种无法改变性是命中注定的，并且已经成了所有事物的命运。正如海德格尔所说，它是"存在之天命"（EOP：9）。那么，接下来的问题是什么呢？——海德格尔在《转向》中写道："'我们要做些什

124

么?'似乎永远是最直接的问题,并且是唯一紧迫的问题。"(TUR:40)对于这个问题,海德格尔早先保持着沉默(至少,他在构思《物》的时候并没有多说什么)。因此,海德格尔对这个问题的回应就出现在了续篇中,也就是不莱梅讲座的后三个部分以及他以此为基础完成的若干篇文章中。来自德国诗人弗里德里希·荷尔德林的短句"危险之所在/就是孕育救赎力量的地方"(TT:40)可以作为不莱梅讲座的副歌简洁地回应我们要做什么这个问题。对海德格尔来说,这个问题关乎技术的本质,因此,他在《技术的追问》这篇极富影响力的文章中论及了这个问题并进行了深入探讨。我们下面就转向这篇文章。

注释:

[1]另一个例子亦来自《弗尔蒂旅馆》。这个剧集澄清了**在手性**与**上手性**之间的差异。在每一季的剧集中,为节目冠名的酒店的名字都会被列在开场的标示牌中,只不过,名字中字母的顺序每周都不一样。这些不同的拼写方式带来了一种滑稽甚至是荒谬的意味。

[2]让-保罗·萨特在其经典现象学著作《存在与虚无》(*Being and Nothingness*)中以带有明显文学色彩的方式分析了物的现象学概念。可见,萨特也是在尝试直面物所具有的那种让人难以理解的物性。在《恶心》(*Nausea*)中,主人公罗根丁(Roquentin)在巴黎的一个公园里,面对一棵栗树坐下来。他突然被这棵栗树那无法忽视的树性攫住了。罗根丁在这种情境下表达的那些体验显然都以某种方式出现在萨特自己或海德格尔的作品里。

> 这个树根有它自己的颜色、形状以及定型了的姿态,
> 它……尚不能被解释。它的每个属性都多少脱离于它,
> 流到它的外面,成了半凝固的,而且本身几乎也成了一个

174

东西；每个属性相对于根部来说都是**多余的**，而且在我看来整个树桩都有点儿偏离了自己，在自己之外，否定自己，在一种异样的多余中迷失了自己。我用鞋跟去刮这个黑色的爪子：我本想刮去一点儿树皮的。也不知是为什么，也许是为了反抗吧，我想让刮痕那荒谬的粉色留在褐色的树皮上，我想**挑逗**世界的荒谬性。但是当我把脚移开后，我看到树皮还是黑色的……它**像**一种颜色，不过……也像一个伤痕，或是一种分泌物，一只爪子——或是什么其他东西，比如，一种气味。这种气味融进了潮湿泥土的气味中，融进了木头温暖潮湿的气味中，融进了像漆一样覆盖了这棵健壮的树的黑色气味中，融进了果肉纤维的甜味中。我并没有用简单的方式看待那个黑色：视觉是一种抽象的发明，是一种被清洗过的简单化理念，是人的理念。那个黑色，那个软弱的、无定形的存在，远远超越了视觉、嗅觉和味觉。但是这种丰富性却变成了混乱，并且最终因为冗余而不再是任何东西了。[Sartre, 1983(1938):186-187]

175

媒介应用程序的 Dasign：对技术的追问

引 言

人们以技术的方式分析技术。其 *125*
实,这种分析方式是与技术相呼应的
……不过,即使是在以这种方式分析
时,我们对技术所作的技术判断也并
没有触及技术的本质……因此,无论
是对技术的恐惧——把它看成一种灾
难,还是对技术的褒扬——把它看成
是人类最大的进步,把它吹捧成人性
的救赎者,都不会使任何事情发生改
变……人们只有开始思考,并承受思
考中的风险,才能将人类的本性向技
术的本性(而不仅是对技术的操作和
使用)呈现出来。如果不这样思考的
话,人们就只能被一个又一个的个案
和情境中的矛盾所困扰。

(BFL:55)

海德格尔对民粹主义昔日时光的
怀念……塑造了他的文辞和思想的基
本特征。

(Ziolkowski,2001:360)

以上第一段文本来自海德格尔一 *126*

篇名为《危险》(The Danger)的讲话稿,这实际上是他为自己将要探讨的跟技术相关的主要问题提出的宣言。本章还将分析这篇文章中涉及海德格尔的研究路径的关键要素——他拒绝对某种特定的技术进行集中分析,因为分析特定技术的代价就是无法再对技术的本质进行思考了。海德格尔对技术本质的关注是他的重要特点,这使他与那些批评他的人区别开来——那些人要么认为他的思想太抽象,要么认为他的思想依赖于一种民粹主义的怀旧,一种对于回到前技术的田园生活的虚幻渴望。为了回应这种把海德格尔思想看得过于抽象或过于怀旧的做法,本章将对海德格尔尝试理解技术的本质的方式进行探讨。我们将看到,对单个类别技术的案例分析虽然可以说是正确的,但毕竟有其局限性;这种分析有主导传播研究的倾向,但问题在于,它基本上没有关注技术所具有的那种能够对环境起到界定作用的本性。相反,海德格尔理解技术的方式正是以超越这种分析的局限性为目的的。如果人们随意抵制、无视海德格尔对技术本质的追问,人们的视角就仍具有内在的局限性,或者说,人们的视角就会停留在以技术的方式看待技术这种不明智的水平上。

1949 年,海德格尔在不莱梅俱乐部做了一系列讲座,这些讲座统一被冠以"对于存在之物的洞见"的标题,而其中各部分又以"集置""危险""转向"和"框架（The Framework）"[1]为标题。这些讲座的内容构成了海德格尔涉及技术的最重要作品——《技术的追问》[Heidegger，1977（1962）]的基础。海德格尔对真理和相合性的区分（本书第 2 章对此进行了探讨）在《技术的追问》中又走到了前台：他在文章开头提到了"对技术的工具主义定义和人类学定义"（也就是人们通常所接受的那种把技术看作实现目的的手段的观点），并且又问道："谁又能否定这一点的正确性呢？"（QCT：5）为反对技术的"当下概念"，海德格尔使用了前文提及的 ἀλήθεια，也就是开放之领域中的无蔽，以便开启对技术之本质的另一种思考。对于这种新的技术之思来说，"技术并不仅仅是手段……它是去蔽的领域，也就是真理"（QCT：12）。正如多尔麦尔（Dallmayr）所说："在海德格尔的分析中，本质（英文 essence，德文 Wesen）意味着'渗透'或'与……稳定地在场（Anwesen）'。"（Dallmayr，1989：91）这种哲学上的意涵似乎比较微妙，不好理解，不过人们却能够从中找到一种理解媒介的方式——工具性已渗透了整个社会这种批判性观点正是这种理解方式的基础。我们认为，这一点正是使海德格尔的分析与他人的分析截然不同之处。传统分析聚焦于单个媒介技术的特殊性的做法给人们的启发有限，而

127

---

[1] 译者注：框架是海德格尔讲座时提到的主题，但在根据讲座内容整理成的书稿中它并不是与"集置""转向"等并列的标题。请参阅：Heidegger. Bremen and Freiburg lectures：insight into that which is and the basic principles of thinking[C]. Indiana：Indiana University Press. Bremer，2012.

更好的方法就是去分析工具性中介我们的世界的能力。

我们可以用第一章所说的"转向"来概括海德格尔晚期作品:他越来越多地关注语言,并且从早期对**做**(doing)的关注转向对**栖居**(dwelling)的关注,而且,他对**存在之敞开**的兴趣亦在增加。这种重点上的转换让他得以长期开展研究,探讨这个被技术中介的世界中的存在问题。从存在论的层面看,当代被中介的存在是一个已经完全被工具渗透的技术**环境**,而海德格尔的思想作为一个不可多得的源泉,有助于我们理解对这种被中介的存在的生活的体验。在不莱梅讲座中,在(其更为重要的作品)《技术的追问》中,海德格尔都深入分析了技术的本质何以对揭示起着框定或决定作用。海德格尔的分析告诉我们,技术的主导性并不单单体现在它的无处不在,更重要的是,它还体现在,不管用户使用**哪一种技术**,技术都会对用户灌输某种标准化的思想。这一洞见对我们分析媒介而言也许是极为重要的,但却很少为人们所理解。

工具的工具性

> 对技术的工具性定义仍然没有显示出技术的本质。为了找到技术的本质,或者是接近它,我们只能借助正确性来寻找真理。我们必须追问:工具性本身又是什么?
>
> (QCT:6)

海德格尔用一系列紧密相关的概念来阐述对于技术

的追问。他在晚期作品中使用**集置**①（positionality）、**征用**（requisitioning）、**集置**（enframement）和**持存物**（standing reserve）②等表述来分析技术系统何以对那个所有对象和过程都在其中运行的环境起着决定作用。不过关键问题在于，**只有当技术系统已经被设计成能够发挥这种作用的样子**它才能够发挥决定作用——这是一种循环情境：技术社会中的计算复合体催生了一种文化氛围，而与计算有关的价值正好能够在这种氛围中发挥主导作用。弗朗西斯科·鲁迪格（Francisco Rüdiger）在提及海德格尔的"物"时写道："传统形而上学本质上是诗性的，并且用一种本体论的思考方式来进行表述。现代形而上学本质上是数学性的，并且试图以一种人类学的思考方式进行表述。在这种表述中，相对于物的一般属性和/或神圣属性而言，微积分占据了主导地位，具有第一重要性。"（Rüdiger，2004：76；2006：101）鲁迪格对所谓传统形而上学和现代形而上学的区分正合海德格尔之意，因为海德格尔一方面分析了工具性本身，另一方面又分析了客观理论——关于通信的数学模型就是某种预设了自身的工具性的客观理论。数学模型将传播工具化，使其仅仅作为可量化、可计算的数据形式（也正是因为这种模型与数

129

---

① 译者注：海德格尔对"集置"的解释，见于 Heidegger. Breman and Freiburg lectures：insight into that which is and basic principles of thinking[M]. Indiana：Indiana University Press，1994：31.

② 译者注：这里遵照既有译法将 standing reserve 译为"持存物"，但请读者注意，它并不是指我们通常所说的持存着的事物，而是特指技术条件下被对象化、被榨取、被支配的事物。请参阅：海德格尔. 演讲与论文集[C]. 孙周兴，译. 北京：生活·读书·新知三联书店，2005：18.

据有关,所以它才被称为数学模型)。而海德格尔所关注的,正是首先使这种工具主义的概念化成为可能的情境或框架。

"集-置"正是这一情境中的关键概念。"那种强迫有一种聚集的力量,它对人进行逼迫,让人以订造的方式为现实之物去蔽,将其变为持存物。"(QCT:20)集置有两个主要特点:一方面,事物被当成,或者说被降为有用的对象;另一方面,人类自己也成了这对象化过程的一部分,他们在忙着把周围的世界对象化之时,自己也不能幸免。因此,**集置**和**持存物**这两个概念一方面有助于厘清物体何以被整合起来并且更易于以技术的方式榨取,另一方面也有助于厘清那种既让计算复合体成为可能又因计算复合体而生成的心态。我们并没有与作为物的物照面;相反,我们是在以一种预设的方式对待这个世界(以及我们自己),并且把这个世界看成是作为被预设对象的持存物的一部分。或者,用海德格尔的话来说:"集置意味着一种影响着现代技术之本质的去蔽方式,而这种方式就其本身而言不是任何技术性的东西。"(QCT:20)

因此,集置和持存物与这种特殊的去蔽样式相关,这种样式是一种存在于现代技术环境下的逼迫,并且在海德格尔那里与**生产**(poiesis)中的带出(bringing-forth)形成了对比。如前文所述,"诗歌(peotry)"就来源于希腊文中的 poiesis;不过海德格尔以更宽泛的方式使用这个词,以便说明某种接触事物的方式——这种接触事物的方式不同于那种标准的、工具主义的情境能够为我们提供的方式。不过对海德格尔来说,重要的并不是不同工具之间的差异，也就是说，被使用的工具是传统工匠的手工用具，还是工业机械，甚或是由电脑控制的自动制造系统，都无所谓；重要的在于工人与他借以工作的那个工具之间的关联：

> 人们可以反对说，现在那些在村子里做柜橱的人都用上机器了……[这样的反对]没什么意义，因为他们[到目前为止]只听到了一半关于手工艺的讨论。这里我们以做柜橱者的手艺为例，不过按照我们的设想，任何人都不会因为看了这个例子就认为我们这个星球的状况能在可预见的将来，甚或是有朝一日，会变回乡村田园的样子……然而我们特别注意到，仅仅就做柜橱这样的手艺而言，维系和支撑它的也并不仅仅是对工具的操控，而是与木材的关联。不过，在产业工人操控机器的过程中，他们与诸如沉睡在木材中的外形这样的东西又有什么关联呢？（WCT：23）

这段引文之所以重要，就在于它反击了那种声称海德格尔的作品有民粹主义怀旧情绪的指责。海德格尔明确地说，他并不想回到某种已经逝去的乡村田园生活。不过，不管当下的潮流是否能够被逆转，工业化制造和基于工具的手工艺之间的差异都不是能够起决定作用的因素。我们要重视的问题"并不仅仅是对工具的操控"，还有不同的技术系统是如何框定人们与事物的关系的。海德格尔反问道,产业工人的能力与"诸如沉睡在木材中的外形"这样的潜在的东西之间是否具有关联? 不过,这个问题现在又碰到了另一个更严重的问题:在数字时代,各种虚拟技术(虚拟内存/机器/现实/世界/对象)不断出

131 现,点击式互动亦变得无处不在,在这种情况下,人真的还有能力/需要去操控实物吗?

技术童子军的形而上学斯芬克斯

> 对特殊东西的去除在不知不觉中也变成了某种特殊的东西。对特殊性的欲望已经堆积起来,但仍然停留在需求阶段,并被大众文化以连环画的方式全方位地再生产出来。曾经被称作智慧的东西已经被插图取代了。
>
> [Adorno,1991(1951):141]

阿多诺认为,现代文化总是需要用特殊的事例来阐明总体观点。对此,他给出了相当尖锐的批评。正是对特殊性的需求使得海德格尔对技术的分析也常常被人们批评,他的理论被认为太抽象,无益于与特定技术密切相关的思考。人们对海德格尔的看法正好体现了阿多诺眼中的现代文化的特点。因此,格雷厄姆·哈曼(Graham Harman,Harman,2010:17)抱怨道,当海德格尔"谈起'技术'时,他并没有告诉我们多少有关高科技工具的东西。在每一种情境下,他更为关注的都是一种宏观的本体论,而不是关于工具或技术的理论"。与此同时,芬伯

格（Feenberg，1999：187）感叹道："海德格尔以极高的抽象性阐释自己的主张，真是不幸。"芬伯格所说的确实是事实。而海姆（Heim，1993：57）则指出："海德格尔思考的是控制一切的集置作用（也就是技术系统），这个系统是不祥的、险恶的，但它又是一个抽象的东西，像一个形而上学的斯芬克斯（sphinx）一样耸立在人们面前，它用一个缺少具体内容的谜语来对思想进行恐吓。"海姆和其他那些批评海德格尔思想过于抽象的人没有意识到，他们自己已经预设了工具性可以（并且应该）借助对工具的分析来理解；此外，尽管他们有理由质疑一开始就进行本体论解读的必要性和意义，但他们对海德格尔的抽象性进行指责就不合理了。一种本体论层面的思考本来就应该是抽象的，而他们却批评海德格尔过于抽象，这就跟批评水太潮湿一样。

　　哈曼宣称，海德格尔关心的是发展一种"总体的本体论"而并不关注关于工具或技术的理论。那么，怎样简洁地回应哈曼的指责呢？答案是："是的，指控属实，我有罪。"毫不意外的是，作为一个试图复兴存在问题的哲学家，海德格尔创造了一套总体的本体论。然而，如果因此就认为这种总体的本体论本身与工具**或**技术没什么关联的话，那同样也是大错特错的。哈曼用"或"把"工具"和"技术"连接起来，这意味着他的批判所预设的是，关于工具的本体论理解和关于技术的本体论理解可以独立存在，不需要对方。然而，在海德格尔看来，这种独立性是不可能存在的。工具和技术都参与了揭示存在的过程，因此人们应该把它们放到一起，用一套真正的"总体的本体论"进行解释。批评海德格尔的声音指出,海德格尔把重点放在了现代技术在系统层面的本性上,因此如果人们要理解这个或那个装置的应用和潜力的话,他的理论就没什么用了。这种指责是正确的,然而,这些批评者没有意识到他们的指责同样也可被看成是一种技术性的思考模式,而这种思考模式正好就是海德格尔思想所要抨击的东西。批评者们完全没有洞察到这个重要事实。

另外,对海德格尔的常见的批评是说他对技术的分析过于抽象,而这种批评**本身**就成了那种特殊的工具性-心灵状态①的某种展示。"实用主义的反本质主义"固然可以为其对各种各样的技术体验保持敏感而感到骄傲,但它之所以能做到这一点,就是因为它重新引入了自己的某种不易被察觉的本质主义。这种本质主义实际秉持这样一种信念:所有技术在**本质上都是中性的**;虽然技术作为手段可被用于由人自主选择、自主界定的目的,但技术中性是优先于技术之使用的。对更具体的、有用的理论的渴求本身就是一个例子,它说明人们没有能力或者不愿意在概念的层面对以下二者进行区分:一方面是对**事物**何以被揭示的本体论理解,另一个相反的方面是对技术**对象**何以在一个无所不在的技术环境中——这个环境使得人只能体验到对象,而不能体验到物——自得其乐的本体论理解。

海德格尔用"集置"这个词来刻画人在技术环境中对

①　译者注:此处原文为(instru)mentality。作者使用这种表述意在强调事物之所以具有工具性,是因为处在相应的心灵状态中的人只会把事物当成工具。

物的寻视；他所要表达的意思与阿多诺相仿，即：对象隶属于一个技术秩序，甚至，早在它们进入这个秩序以前，它们就已经属于这个秩序了。由于人们无法作出上述区分，所以他们的分析就掉进了陷阱，只能以技术的方式看待技术。这种分析上的失误造成的一个后果是，人们直接（错误地）将像电脑编程这样的"新手艺"看作传统工具的对等物。显然，海德格尔不接受这种对等性，他认为，"就算非要说在集置中尚有什么与手工艺制造活动类似的东西的话"，被机器生产出来的对象也仍然"在本质上不同于手工艺活动制造出来的东西"（BFL：34）。因此，正如上一章所说，集置刻画了技术对象的那种被降级了的本体论状况，它们作为**物**所应有的那种状态已经被剥夺了。

海德格尔的主张又一次得到了阿多诺的支持（虽然这听起来不太可能）。这一点可以在下面这段对典型的无线电业余爱好者的尖刻分析中看到[1]：

> 他在 20 岁的时候还停留在童子军的水平，他解决复杂的问题仅仅是为了取悦父母。就无线电领域来说，这种行为被认为是值得推崇的。这个人耐心地组装着机器，不过机器最重要的零件都是他买来的现成品；他对着天空扫描，以便找到短波秘密信号，尽管事实上根本就没有这种信号。他是印第安小说和旅行书籍的读者，他也曾经发现过未知的土地，还打通了途经原始森林的道路。作为一个无线电业余爱好者，他发现了那些正期待着被他发现的工业产

品。他带回家的都是那些本该送到他家的东西。[Adorno，1991（1938）：54；强调为作者所加]

阿多诺固然一直在批评海德格尔,不过他对那些表面上能够独立完成工作的无线电业余爱好者的轻蔑却为海德格尔的集置概念提供了生动的说明。某种特定的媒介技术要从一个更广的传播系统中得到它自身的意义,而集置也正是存在于这种特定技术之中的。因此,阿多诺关于无线电业余操作者的例子虽然看起来有些离题,有些难解,但却生动地呈现了**集—置**的界定——"那种强迫有一种聚集的力量,它对人进行逼迫,让人以订造的方式为现实之物去蔽,将其变为持存物"(QCT：20)。无线电爱好者耐心地组装着装置,而这个装置也反过来强迫他,掠夺他,把他贬为一个仅仅为了获得父母的认可而炫耀技术水平的童子军;他的确可以组装机器,但他所使用的仅仅是可以买到的现成品;他寻找的秘密信号并不存在;他发现的东西本来就在那里。因此,这一切的结果就是,这个业余爱好者并没有发现任何新东西,因为他能拿出来的东西都是本来就在那里的东西。

因此,对海德格尔来说,要想真正理解被中介的存在,就必须深入分析其本质处境或地位,而不能只接受那些"正确"的,但只是在以技术化的方式对技术进行概念化,因而最终只不过是没有启发性的、童子军式的观点。

技术不同于技术的本质。当我们寻找"树"

的本质时，我们必须意识到，那种遍及每棵树的东西本身并不是树，本身并不能作为众多树中的一棵与人照面。同理，技术的本质绝不是任何技术性的东西。因此，我们如果只是构想或推动技术性的东西，只是忍受或逃避它的话，就永远无法体验到我们与技术的本质之间的关联。（QCT：4）

"树"这个词不与任何一棵树对应；同样，技术的本质也不在任何特定的人工制品之中，它**绝不是任何技术性的东西**。这种观点虽然有悖常理，但却是明确的：它以最明确的方式准确地标示出了以下两类人的不同之处：第一类人在海德格尔的本体论中看到了与媒介的本质有关的真理；第二类人则倾向于"正确地"把焦点放在特定技术对象的高科技毒瘤上。或者，正如海德格尔所言："机械技术至今仍是现代技术本质的最直接可见的产物。"（AWP：116），现在机械技术已经被它的电子、数字、虚拟和纳米后代超越了。

人们也许会忽视简单工具（如：锤子和凿子）与在复杂技术系统内发挥作用的人工制品（如：计算机、算法、网络）之间的区别。使人们忽视这一区别的，正是那种对技术的工具主义理解（这种理解与第一章提到的关于语言的工具观类似）。这种理解方式所支持的正是兰登·温纳（Winner，1977：27）所谓的"中性神话"：技术的效果既不是好的也不是坏的，它只取决于我们所选择的使用方式。海德格尔的分析路径不接受这种技术中性的观念，他否认人类能独享主体性,也拒斥那种认为有必要聚焦于特定技术并且顺理成章地将其当成意义的来源的做法。麦克卢汉指出:"当我们用传统方式对待所有这些媒介时,我们会认为唯一重要的事情就是它们被使用的方式,而我们的这种态度只不过是技术白痴的一种麻木姿态。"(McLuhan,1995:18)海德格尔明确指出,从根本上讲,技术是非中性的:"我们无论在哪里都不是自由的,都被锁在了技术上;无论我们是充满激情地接受技术还是否认技术,都没有区别。不过,一旦我们认为技术是某种中性的东西,我们就被以最坏的方式抛给了技术。我们现在非常认同那种技术中性的观念,但这种观念却使我们完全无视技术的本质。"(QCT:4)

海德格尔哲学在本质层面关注的是某种虽然抽象但却强大,并且具有决定性作用的倾向——这种倾向渗透进了**所有**传播技术中。也正是由于这个原因,海德格尔对技术的追问对于理解媒介而言异常重要。海姆在描述海德格尔的思想时,说它是"一个抽象的东西,像一个形而上学的斯芬克斯一样耸立在人们面前,它用一个缺少具体内容的谜语来对思想进行恐吓"。但现在看来,我们最好还是把他的话收编进来,因为他的话可以生动地呈现出对技术(特别是媒介技术)的现象学体验——这些技术的影响力固然是强大的,无处不在的,但也时常显得那么虚幻。在面对这种虚幻性时,海德格尔的**集置**概念反而能使我们更好地理解那种技术 - 逻辑的(technological)工具性—心灵状态(也就是鲁迪格所说的"现代形而上学")的整体限度。

媒介的地位

村里的木匠并不只是为尸体造一个盒子。棺材一开始就被放在农舍中某个享有特权的位置，而死去的农民就在这个位置徘徊。在此，棺材又被称为死亡之树（德文 Totenbaum）。逝者的死亡在棺材里繁茂生长。这种繁茂生长成了对屋子、农舍、住在那里的活人、亲人和邻居起着决定作用的因素。而大城市则不同，在这里，一切东西都由机动化的殡葬业承包了；在这里，死亡之树没有产生。

(BFL：25)

137

在种姓社会中，或者在某种封建的、古代的、**残暴**的社会中，符号的数量是受限制的，符号不会大范围扩散开来；每个符号都作为使用受限的东西发挥着自身的全部功能；每个符号都是种姓、氏族或人与人之间的相互义务。因此，符号绝不是什么任意的东西。原本，符号会用不可打破的相互性把两个人联系起来，但是后来，能指开始指向一个由所指组成的被祛魅的世界，这个世界是现实世界的公分母并且任何人都不承担跟它有关的义务——仅在这时，任意的符号才出现。

[Baudrillard，1983(1981)：84-85]

电影《黑客帝国》(*The Matrix*)里有一个为人熟知的名字，"实在界的荒漠"[Baudrillard，1983(1981)：2]，而这

个名字所指代的东西的前身已经和拟像一起无可挽回地
渗透进了这个社会。人们会用一种非民粹主义的、带有
嘲讽意味的后现代方式描述这个世界，而当人们提及这
种描述时，也经常会提到作为理论家的鲍德里亚。不过
令人惊讶的是，上文将鲍德里亚和（有着**民粹主义**名声
的）海德格尔的文本并置，竟显示出两人对技术社会的阐
释在主题方面存在相似性。其中，第一段引文来自海德
格尔不莱梅讲座的第二部分，即"集置"——正如这个名
字所显示的那样，海德格尔在此所关注的显然是物的处
境，或者说，他关心的是"事物何以不同于以往在关切中
接近我们的事物，事物何以被设置起来并持立在那里"。
"接近""切近性""徘徊""繁茂生长"等词语都表达了一种
在空间或时间中定位（positioning）的含义，这种含义与鲍
德里亚所说的"相互义务"的含义相仿。

　　海德格尔对以下两个东西进行了对比：一个是村庄
里的死亡之树，它作为本真的定位具有内在的开放性；另
一个是作为机动化的殡葬业的一部分的、"仅仅被完成
的"、对象化的棺材，它只具有明确的、固定的含义。与此
相似，在来自鲍德里亚《仿真》（*Simulations*）的第二段引
文中，语言本身现在也只不过是某种被完成的东西，是
"由所指组成的被祛魅的世界"中的"公分母"。"死亡之
树"传达出一种终结性，但是，借助于某种基本上是矛盾
的修辞，它又强调了以下事实，即：尽管用来制作棺材的
木头是无生命的东西，但它正像它现在所容纳的尸体一
样，之前也是有生命的。"逝者的死亡在棺材里繁茂生
长"说明，在海德格尔看来，持存同样能够出现在死亡

138

之中。

　　棺材被放置（setting）在作为背景的村庄中，这一事实使我们对"放置"的概念有了新的认识。它现在并不意指某种静态的场所/场面（也就是说，它跟木匠做成的静态的桌子不一样），而是应该被理解成物被安放在一个它自身的意义与它周围的东西的意义都不可分离地相互关联、相互支持的位置。仅当棺材的位置与乡村小屋、农场、居民、亲戚和周围的邻居在位置上有关联时，棺材所具有的物的状态才有意义。在文学领域，一种类似的情感可以从米格尔·德利贝斯（Miguel Delibes）1950 年出版的著名西班牙乡村小说《山路弯弯》（*El Camino*）中找到。小说的标题能够引发我们强烈的共鸣，因为它与海德格尔的思想相呼应——海德格尔希望"修建一条道路"，以便抵达真理，而且还把自己文集中的两卷命名为《林中路》[*Holzwege*（*Off the Beaten Track*）]和《路标》[*Wegmarken*（*Pathmarks*）]。读者借由昵称来认识德利贝斯笔下的乡村人物，而这些昵称之所以会产生，就是因为这些人物的长期存在，以及他们的经历中有一些小插曲——这与城市中更常使用的身份象征（一个人的职业或财务状况）完全不同。

　　海德格尔对"死亡之树"这个词的使用，解释了"在关切中接近我们的事物"和"被设置起来并持立在那里"的事物之间的差异，这一点在《技术的追问》中变得更加突出了，他在这篇文章中结合银制圣杯的制作解释了亚里士多德的四因（four causes）。海德格尔在开始讲解他的例子时就分析了"因果性"这个词的希腊文和拉丁文来

139

源,并以此为根据对我们对于因果性的基本理解提出了
质疑。他指出:"拉丁文 causa 或 casus 都源自 cadere,后 *140*
者意指'降临(to fall)',即,某物招致另一物,并以这种或
那种方式使另一物作为结果而出现。"(QCT:7)现代人对
因果性的理解,缺少它的拉丁文表达法所具有的开放的
意涵,这是因为现代人的理解预设了某种线性的"原因和
结果"。不过,古希腊人对因果性的理解构成了后来的理
解方式的基础。对此,海德格尔指出:"我们称为原因(英
文 cause,德文 Ursache)的东西,以及罗马人称作 causa
的东西,在希腊人那里被称为 αἴτιον (aition),也就是某种
能使另一个东西产生的东西。四因之间彼此密切相连,
并以此方式使其他东西产生。"(QCT:7)

这里所说的四因指的是:

- 质料因(causa materialis):圣杯借以成形的物质或材
  料,在这里就是指银;
- 形式因(causa formalis):圣杯所具有的形状——正因
  为它有这样一种形状,我们才能认出它是一个圣杯;
- 目的因(causa finalis):制作圣杯的结果或目的,此处
  就是指宗教活动;
- 动力因(causa efficiens):以尽可能熟练且有效率的方
  式制作圣杯。

海德格尔指出,人们倾向于认为动力因最重要,虽然
它只是四因之一,我们却把它当成了用于判断所有四因
的标准(QCT:7)。这一现象之所以引人注意,是因为它

使我们与事物的互动缺少了一种鲍德里亚用"相互义务"或"不可打破的相互性"所指代的东西，也就是海德格尔在讨论过程中所说的相互义务或相互亏欠。如果一个事物全部的本性来自与其密切相关的各种属性的结合，那么它就会坍缩成一个除了效率导向的有用性之外不包含任何东西的对象——在现代技术时代就更是如此了。

　　不论海德格尔是不是有怀旧倾向，他的批评者都要面对一个不可否认的现实，那就是：呈指数式增长的技术具有中介作用，这种中介作用看起来会为人类体验带来质的变化。同理，不管我们能不能回拨历史的时钟，我们都必须认识到这种中介作用，以便看清当媒介在发挥中介作用时到底发生了什么。然而，熟悉感会带来意见的趋同，而且我们的文化倾向也使我们无批判地接受那些庸常的表达方式并忽视这种质的变化的本质。例如，人们平常使用"互动性"这个词时，基本上会把它当成数字通信和信息系统的同义词。人们很少意识到，甚至从来没意识到，要使"互动性"作为一个标准的表达法在数字时代以一种无批判的方式被使用，就必须对传统的互动形式的理解施加概念上的破坏。与此类似，人们倾向于把 mediation 中的 media 当成不言自明的因素——这也解释了海德格尔为何坚定地主张我们必须回到跟技术有关的本质问题上来。举例来讲，"切近性"这个概念确实看起来简单，但其实这种简单也只是表面上的而已。

被中介的切近性

人类在最短的时间内把最远的距离甩在了身后。他把最远的距离甩在了身后,也就把一切在他面前的东西放到了最小的范围里。不过这种疯狂消除一切距离的行为并未带来切近性;这是因为,切近性并不在于距离的缩短。借助影片中的图像和收音机的声音而变得离我们非常近的事情,仍然能够远离我们;在距离上无限遥远的东西却能够接近我们。较短的距离本身并非就是切近;较长的距离也并非就是遥远。

(TT:163)

在海德格尔的例子中,死亡之树"被放置在切近性中",以便人们能与它照面并把它视为公共生活的一个鲜活的部分。相反,基于电信技术的媒介创造了一种时空坍缩,于是所有事物都在一致的去远性中堆叠在一起了(TT:164)。瓦尔特·本雅明的表述与海德格尔相近,他在《机械复制时代的艺术作品》[Benjamin,1973(1936)]这篇产生了巨大影响的文章中解释说,关于"灵光(aura)"的传统概念建立在时空中某一独特点在场的基础上,但是现在,任何意义上的灵光全都消失了。与广播、电影、电视相关联的电信系统(人们使用这三种东西的时间,与这里提到的 20 世纪思想家生活和工作的时代相吻合)带来了前所未有的、在质的层面与以往完全不同的体验,而敏锐地感受到这一点的当然不只是海德格尔一个人。例如，本雅明在《机械复制时代的艺术作品》的开头提到了保尔·瓦雷里（Paul Valéry）的墓志铭"在过去的 20 年中，无论是物质，空间，还是时间，都与远古时代完全不同了"；而且这篇文章的写作路径就是不断发掘这些深刻变化的全部意义。不过，我们要指出的是，这种分析并非只针对 20 世纪中期的媒介技术。举例来讲，类似的论断亦见于马歇尔·麦克卢汉的"地球村"概念（McLuhan，1995：5），保罗·维利里奥（Paul Virilio）对"速度"的分析 *142* ［Virilio，1997（1995）］，贝尔纳·斯蒂格勒（Bernard Stiegler）的《技术与时间》（第二卷）（*Technics and Time*，vol. II）［Stiegler，2009（1996）］、皮埃尔·列维（Pierre Lévy）的《赛博文化》（*Cyberculture*）［Lévy，2001（1997）］以及弗洛里安·罗泽尔（Florian Rötzer）对赛博空间的哲学分析（Rötzer，1998）。

　　尽管海德格尔要描述的是表象着的现代媒介所具有的内爆、时空坍缩效果，但是，在本雅明看来，媒介为体验所带来的效果是外爆的（explosive）：

　　　　于是电影出现了。它用十分之一秒的时间炸碎了这个囚笼般的世界。这样一来，我们就能够平静地深入到它广阔的废墟中带着冒险的热情旅行了。特写镜头使空间得到了扩展，慢镜头使运动得到了延展。画面之放大不只使原本可见但非常模糊的东西变得清晰了，而是展示了被摄之物的全新构造。……摄像机让我们认识了视觉无意识，正如精神分析让我们认识

了无意识冲动一样。[Benjamin,1973(1936)：238-239]

在本雅明看来,现代媒介技术有助于揭示有启示性的、新形式的切近性。而对海德格尔来说,当面对过量的正确表象时,真理就隐退了,而且人们对切近性的体验也远远不像它原本应当所是的那样明确了。因此,媒介的普及固然意味着时间延迟和空间距离因技术的使用而被消除,但与此同时,媒介的普及也使我们无法理解内爆的真正本性。其原因在于,"这种疯狂消除一切距离的行为并未带来切近性;这是因为,切近性并不在于距离的缩短"(TT:163)。海德格尔不懈地对我们所持有的那些最基本的假设进行追问,他在这项事业中的关键作用已经被我们强调多次了。进一步看,他还在讨论被中介的时间和空间的过程中,提出了一系列探索性的问题:"如果说最长距离变为最短间隔都没有带来切近性的话,那么切近性又是什么? 如果说距离的不断消除都在排斥切近性的话,切近性又是什么? 如果说在切近性未能出现之时遥远的距离亦不存在的话,那么切近性又是什么?"(TT:163-164)

这一系列问题使海德格尔进一步以反问的方式提出了一个关键问题:"与事物之分崩离析相比,这种一切事物都无距离地融合在一起的情形难道不是更不可思议吗?"(TT:164)海德格尔对"分崩离析"这个词的使用让人想起了本雅明所说的"炸碎了这个囚笼般的世界"。不过重要之处在于,海德格尔要求我们思考那种"不可思议

的"现象的本质。而我们之所以要进行这样的思考，就在
于，媒介因其内爆的/外爆的特点而使我们印象深刻，但
这种印象是浮浅的，它使我们忽视了那不可思议的东西。
与海德格尔处在同一个时代的大众文化批判者阿多诺和
克拉考尔也探讨了这一议题。

与海德格尔使用"常人（das Man）"这个词相类似，克
拉考尔提及并讨论了"工薪大众（英文 salaried masses，德
文 Die Angestellten）"和"女孩世界（英文 girldom，德文
Girltum）"。在我们当今的时代，人们已经明白了为何鲍
德里亚会认为，在一个只具有最小公分母的、被中介了的
世界中，**符号**（signs）会在其自由流动的任意性中保持一
致。在这方面，我们可以想想在全世界大行其道的耐克
对钩商标（Nike swoosh）。我们同样会明白为何这种符
号内在地缺少那种不容忽视的义务——但这种义务却能
够出现在以文化为根基的**象征**中。

去远性既是大众媒介文化最重要的属性，又是其最
平淡无奇的属性。虽然本雅明聚焦于为人类感知开放的
全新前景，但是海德格尔以及海德格尔之后的批判理论
家（这里的"之后"要么指时间上相对靠后，要么指追随海
德格尔的思想）却要求我们思考基于电信技术的媒介，以
便发现它那具有颠覆性的真正影响——媒介并没有创造
出对地球村的前所未有的体验，而是挤压事物，令人不可
思议地把它们变成了相同的东西。而不幸之处就在于，
我们还不能充分理解这一事实。

媒介应用程序:对一致的去远性的征用

144
> 持存物通过一种特有的定位而持存。我们
> 把这种定位称为"征用"(英文 requisitioning,德
> 文 *das Be-Stellen*,即:以定位的方式嵌入)。
>
> BFL:25

如果只看字面意思,*Da-sein* 可被译成"这里存在/那里存在(here/there-being)"。可见,这个词内在地意指某个位置上的在场;或者说,它意指的就是与其他物体一起在—世界—之中—存在。不过,我们从上述引文中发现,存在借助"持存物"而被中介的方式,以及持续存在的概念,都被"征用"取代了。海德格尔用"征用"来刻画那个已经为我们所熟知的主题,即:事物所在的空间原本具有丰富的、诗意的可能性,但事物却被降格为一个对象,被定位在系统性地预设的某个位置上。显然,这后一种状态不是诗性的,它体现的是持存物的被逼迫性。在这种状态下,对象的存在模式由早已在现实中被设定好的"应用(application)"构成。尽管人们指责海德格尔把哲学搞得晦涩难懂,但是海德格尔对征用的概念化,确实能够适用于被新式 App 主导的当代媒介环境。随着平板电脑、智能手机或类似装置的出现,App 这个词也变得相当流行了。由此可见,海德格尔在不经意间很有先见之明地使用了"应用"这个词。另外,"应用"也会让我们联想起人们对当代媒介技术的更加晚近的批判——在批

判者看来，这些媒介技术把一种不可思议的一致性引入了人类经验。

《恶魔智识》(*The Intelligence of Evil*)［Baudrillard，2005(2004)］是鲍德里亚的晚期著作之一。鲍德里亚在这本书中提到的整合现实(integral reality)大体上可以被看成海德格尔所说的持存物或其他类似概念（征用、集置、定位、逼迫等）。鲍德里亚对"集权主义的符号秩序(totalitarian semiotic order)"的概念化很好地描绘了以下现象，即：在一个被本雅明称为"机械复制时代"的数字时代中，人们对事物的征用是如此普遍，如此有进攻性，以至于被征用的东西已不只包括物理物，还包括抽象符号。鲍德里亚对生产和诱惑进行了区分，这样一来，海德格尔用来刻画技术本质的表述就在他的作品中重现了：

> 在劳动话语和性话语中……人们发现了同样的基本要义，也就是"生—产(pro-duction)"的字面意思。……生产就是利用强力来把本属于另一个秩序的东西物质化。这里所说的另一个秩序，是指秘密之秩序或诱惑之秩序。无论在何时何地，诱惑都是与生产相反的。诱惑把某些东西从可见物之秩序中移除，而生产却要在完整的视野中构造起一切事物……一切事物都会被生产，一切事物都会成为易读的，一切事物都会成为现实的、可见的、有意义的……这就是我们的文化志趣，而这种文化的本性就是猥

145

亵：这是一种兽性的文化，一种要展示一切事物
的文化，是一种生产性的野兽。[Baudrillard,
1990(1979):34-35]

人们对一致的去远性的体验使人感到不可思议。虽
然海德格尔提到过这种体验，但是对这种体验作了生动
描绘的人却是鲍德里亚。在鲍德里亚看来，这种去远性
创造了一个由不受控制的现实组成的社会，一个由碎片
化的拟像组成的世界。在这个世界中，现实与其表象之
间的差异不复存在，它们一层一层地叠加起来，使我们难
以对它们追根溯源。技术推动了对现实的征用，而《完美
的罪行》(*The Perfect Crime*)[Baudrillar,2002(1995)]这
本书的书名就被鲍德里亚用来意指这样一种征用。罪行
是完美的，这是因为：如果现实已经被谋杀，那么，依定义
来看，没有任何犯罪痕迹会存留下来。完美罪行的结果
是一个以超真实(hyperreal)为特征的环境——这种形式
146 的现实比现实本身还真实，以至于"现在所有媒介和信息
的任务就是生产这种现实——访谈、现场报道、电影、真
相节目(TV-truth)等，都是如此。这种现实真是太多了，
它使我们陷入了猥亵和色情作品中。正如在色情作品中
一样，某种放大效果使我们跟现实离得太近了，而这种现
实并未真正存在过，只是不曾出现在我们的**远距离视角
中**。"[Baudrillard,1983(1978):84]

那种在海德格尔看来不可思议的现实，在鲍德里亚
看来则是色情的和猥亵的。人们要想把一个画面当成画
面来观看，就必须与它保持一段必要的距离。然而，当画

面在摄像机的远距镜头中放大时，距离就被消除了。与麦克卢汉相仿，鲍德里亚借助纳西索斯（Narcissus）的神话阐释了去远性的主题。

> 当纳西索斯在水池边弯下腰时，他的渴望就得到了满足。他的影像不再是"他者"了。那是一个吸引他、诱惑他的表面，他可以接近这个表面，但却不能越到这个表面的另一边。这是因为，本来就没有什么另一边，就如同在他与他的影像之前没有任何反射距离一样。由水组成的镜面不是一个映射的表面，而是一个吸引的表面。［Baudrillard，1990(1979):67］

在阐释去远性这个概念时，鲍德里亚、本雅明、海德格尔和麦克卢汉使用了各自独特的方式和表述。不过即便如此，他们的思考仍然能够用去远性的概念串联起来，因为他们都在发掘去远性对于被中介的媒介体验的影响。

媒介回路：征用之链

> 被命令的东西总是已经被迫（或者说，也只可能被迫）把作为它自己的结果的另一个东西放到这个连续体中。征用之链并不向外指向什么东西，相反，它只会进入自己的回路。
>
> （BFL：28）

147

> ……一个环形构造,在这里,人们把观众想
> 要的东西提供给观众。这个环形构造就是永恒
> 诱惑的整合回路。
>
> [Baudrillard,1990(1979):163]

我们在本书(特别是本章)中强调了海德格尔思想中
与位置有关的内容:

- 在—世界—之中—存在:这是**此在**的基本状态(BT:78);
- **逻各斯**:这是"纯粹的让—在面前—共同—出现,而出现的东西就是在其于此出现之际自行出现在我们面前的东西"(EGT:66);
- 集置:用来界定集置的表述是,"那种强迫有一种聚集的力量,它对人进行逼迫"(QCT:20)。

在集置的过程中,媒介发挥了关键作用,为一致的去远性创造了一个覆盖全社会的环境——海德格尔的学生赫伯特·马尔库塞在《单向度的人》(*One-dimensional Man*)[Marcuse,2002(1964)]一书中对此进行了精辟的分析。从海德格尔哲学思想的角度看,基于电信技术的媒介可以被视为一个"征用之链",它持续发挥作用(persists),但它并不在场(presences)。这种观点与鲍德里亚的观点非常接近。在鲍德里亚看来,媒介是一个"环形构造",一个"永恒诱惑的整合回路"。在这个回路中,那些以文化为根基的丰富**象征**被虽易传送但却空洞无物的**符号**代替了。因此,这里的问题就是:这种环境中的**此**

在会有何种命运呢？法兰克福学派的批判理论家嘲讽文化产业中的大众媒介，说媒介只具有存在论上的压抑效果。把这些思想家的著作与海德格尔的著作进行对比，*148* 不但有助于我们进一步阐释集置和逼迫的概念，还能够引出一系列有趣的问题。与列宁不同，①我们要问的问题是：在这种环境中，我们要做些什么？征用之链在各个领域施展着威力，那么我们是否有可能或有必要尝试逃离它呢？

　　我们之前提到，本雅明在著作中探讨了机械复制时代的艺术品的状况，他的观点有助于我们深入研究上文提到的几个问题。举例来讲，媒介在使我们朝向存在开放之时也带来了潜在的、根本性的损失。对此，本雅明的同事克拉考尔进行了有益的总结。他在对比艺术品和照片时说道：

　　　　为了让历史呈现自身，照片所具有的那种纯粹表面上的连贯性必须被消除。这是因为，在艺术品中，对象的意义带有空间形态（spatial appearance）；而在照片中，空间形态就是其意义。这两种空间形态并不相同：一个是"自然"的空间形态；另一个是被认知渗透了的对象，艺术品牺牲了前者，成就了后者。艺术品也因此否定了由照片实现的相似性。相似性与对象

①　译者注：作者的意思是，人们在此要追问怎样解决问题，而不能像列宁那样强调思考。请参阅：Žižek. Violence：six sideways reflections[M]. New York：Picador，2008：7.

的外观有关,而对象的外观并不会直接显示出它向认知呈现出自身的方式;艺术品却只呈现对象的透明性,而不呈现任何其他东西。在呈现过程中,艺术品像魔镜一样映射出求助于它的人,但它所呈现的不是这些人显现出来的样子,而是他们希望自己所是的样子,或他们根本所是的样子。随着时间的流逝,艺术品也会碎裂,但是艺术品的意义却能够从破碎的部分中产生,而照片则只能把这些部分堆积起来。

[Kracauer,1995(1963):52]

149 对于"被认知渗透的"艺术品而言,存在被带上前来;照片则只是"把这些部分堆积起来"并因此与海德格尔所说的持存物、**逼迫**(以及由逼迫这个概念引出的众多其他概念)有着更紧密的关联。

面对大众媒介对传统"高雅"艺术的破坏,阿多诺在所谓自主艺术(autonomous art)中发现了与存在的自由关联——自主艺术是一个与作为**动力因**的诱惑相隔离的人类行动领域。"就艺术可以被预设的功能而言,它的功能就是没有功能。"(Adorno,1997:227)然而,在存在之揭示已被技术决定的情况下,是否存在一个尚未被充满工具性的价值所束缚的世外桃源? 对此,与阿多诺同属法兰克福学派的本雅明和克拉考尔并没有给出明确的说明。比如说,在本雅明眼中,摄影和电影产生的意义不在于技术作为艺术形式的地位,而在于技术进步在多大程度上打破了"艺术是自由领域"的过时观念。

与此同时,我们从克拉考尔的作品中看到,克拉考尔既认识到媒介能够让社会丧失活力,又认为拒绝或可避技术进步并不能解决问题。在《酒店大厅》(The Hotel Lobby)这篇文章中,克拉考尔用酒店大厅来比喻,以便表现大众文化空洞的时空性和自我指涉性。他指出:"在不那么真实的领域中,对存在和本真境遇的意识在生存之流中变得微弱了,被蒙蔽了的感知迷失在由被歪曲的事件组成的迷宫中,而事件之被歪曲也不再会被觉察到。"①[Kracauer,1995(1963):173]克拉考尔指出,我们不再能觉察到正在发挥作用的歪曲具有何种本质,而海德格尔在提及**危险**(danger)这个概念时也表达出了相同的观点。两个人都认为,技术使得我们从现实中退却;如果我们不能意识到这种退却(或者说,如果我们在这种退却面前退却——退却之退却),我们就会丧失某种程度的自由。不过,正像本雅明对艺术灵光的明显消退所做的回应那样,克拉考尔和海德格尔也拒绝从艺术所谓的救赎力量那里寻找恰当的答案。

150

对艺术的救赎力量的怀念

　　1967 年,海德格尔在雅典做了名为"艺术的

---

① 译者注:克拉考尔区分了三个层次:第一个层次是神;第二个层次是宗教机构,也就是所谓较高领域的共同体(the community of the higher realms);第三个层次是一般生活,也就是所谓不那么真实的领域(spheres of lesser reality)。请参阅:Kracauer. The mass ornament:Weimar essays [M]. Massachusetts:Harvard University Press,1995:173。

起源和思想的目标（The Provenance of Art and the Destination of Thought）"的讲座。在讲座中，海德格尔问道，在两千五百年后的今天，艺术是否还遵循那些由古希腊制定的规则？他对这个问题给出了否定的回答：艺术不再来自某个民族的国家疆界之内；艺术不再发挥它曾经发挥的本体论-历史作用，这个作用就是：奠基并建立一小片空地，从而能够容纳存在。

（de Beistegui，2005：143-144）

极具嘲讽意味的是，尽管正如我们所见，海德格尔经常被指责怀念某种伊甸园时期的、非技术化的存在，但是其实，当他拒绝回归某种形式的古希腊艺术的时候，他是相当反对怀旧的——他不认为我们在被技术劫掠之时能够从古希腊艺术中获得庇护。我们也许会混淆以下两种行为：第一种行为是，当存在之揭示因技术而改变时，对这种改变进行描述；第二种行为是，直接谴责那种变化。同样，乔纳森·斯特恩（Jonathan Sterne）（Sterne，2005：200）指出，人们误读了本雅明关于灵光的理论。本雅明[Benjamin，1973（1936）]曾详细地分析了灵光何以"像水从一艘正在沉没的船中被抽走"一样从现实中被消除。不过，如果把他的观点解读成一种对于消失了的体验特质的怀旧，那就相当于忽视了以下这一海德格尔式的洞见，即：任何意义上的怀旧都仅在其成为技术过程本身的结果时才是可能的。"正是因为本真性是无法复制的，所以复制的特定（机械）过程的密集渗透才会作为工具性的东西对本真性进行区分和分级。"（Benjamin，1969：243）斯特恩写道："就此而言，对灵光的建构总的来说就是回溯性的［齐泽克（Žižek，1991：209）也许会用'回溯性地（预先）设定'来形容］；灵光是源于复制的人工制品，而不是自我呈现所具有的附加效果或内在特质。灵光是与复制相伴的怀旧行为的对象。"（Sterne，2005：36）

在《技术的追问》中，海德格尔用**生产**（poiesis）来刻画对存在的敞开性，而在技术性的揭示模式中，这种敞开性并没有出现，因此事物的秩序（也就是集置、逼迫、强求）被预先以系统化的方式规定了。与本雅明的情况相同，海德格尔的观点也会被误解。举例来讲，海德格尔确实指出了农民与自然的关系何以不同于工程师与自然的关系，但是他并不是在怀旧。如上所述，我们不能回到艺术追求能够为存在打开一片空间的较早时代（比如，古希腊时代），因为我们总是已经失去了这样的时代。如果说在这种情况下救赎的力量还存在的话，那我们也得从技术中把它寻找出来。其原因就在于，技术涵盖着一切事物，包括艺术。因此，我们唯一的"出路"就是在技术中行事。正如海德格尔在《存在与时间》中提到的"思想的循环"一样。关键在于，我们不应该跳出这个循环，而应该以正确的方式在这个循环中行事。

不过，诱惑总是存在的——当我们思考我们与技术的关系时，我们会赋予艺术某种特权地位。在一封于1936年写给本雅明的信中，阿多诺令人印象深刻地谈到高雅艺术和低俗艺术的区别并表示，这两种艺术"分别是一个完整的自由的两个部分，不过，它们并不能组成这个完整的自由"（Adorno，in Jameson，1980：123）。而克拉

152　考尔则指出："在较高的领域中,艺术家巩固了一个能够掌握自身的现实;在较低的领域中,艺术家的作品成了一个纷繁现象的预言者,但却讲不出任何有启示性的词句。"[Kracauer,1995(1963):173]所以,"广播、远距离照相术等,全都是理性幻觉的产物,它们盲目地服务于一个目的:在**计算维度**(calculable dimensions)中树立一种降了级的无处不在性"[Kracauer,1995(1963):70,重点为作者所加]。

　　克拉考尔对"计算维度"的描述很容易让人联想起海德格尔的"计算复合体";他对"较低的领域"的评价也会被当成海德格尔所说的集置在文化方面的体现。然而,他的批判性观点却可能使我们推导出错误的结论,即:对于大众媒介所具有的那些已经被我们觉察到的问题,人们应当从在某种程度上尚且位于技术可覆盖的范围之外的高雅艺术中寻找解决方案:

　　　　感官刺激一个接着一个地出现,它们的速度如此之快,以至于没有任何间隙供我们进行哪怕是最简单的思考。聚光灯的折射和音乐伴奏像**救生浮标**一样让观众浮在水面上。对娱乐的爱好要得到对纯粹外在性的展示并进而从中找到答案;因此,把一切娱乐都变成滑稽剧……这种倾向在显著增加……日报上的展示性内容越来越多……这种对外在东西的强调所拥有的优势就是**真诚**(sincere)。外在东西并没有威胁到真理。一方面,当某些文化价值已经变得没

有现实性时，如果人们还要天真地肯定它们，那
么真理就会受到威胁。另一方面，人们会不小
心滥用人格、内在性、悲剧等词语。这些词语本
来无疑是意指某些高尚的理念的。不过，这些
高尚的理念已经因社会变迁而失去了自身的语
境，失去了使自身得以维持的根据。在这种情
况下，真理就会受到威胁……那些作品宣称自
己应被看成高雅艺术，但实际上它们却让时代
错乱的、逃避当今时代的迫切需要的东西得以
上演。[Kracauer，1995(1963)：326]

153

　　为了找到救赎真理的力量，人们也许会忽略或回避
当代的技术进步，并且天真地重新肯定那些建立在理想
化的艺术历史之上的过时概念。但是，对本雅明、克拉考
尔和海德格尔来讲，这种尝试无助于找到救赎的力量。

　　克拉考尔用**大众装饰**（mass ornament）来称呼系统
层面的无聊性。在当今时代，当面对这种无聊性时，我们
要用更多的进步而非更少的进步来解决那些最迫切的问
题。因此，"问题并不在于速率（ratio）[2]太快，而在于进
展**太少**，资本主义的'理性化程度不是太高，而是太低'。"
[Kracauer，1995(1963)：17]用现实中的媒介话语来讲，
这意味着："道路直接进入到大众装饰的中心，而不是偏
离这个中心。"[Kracauer，1995(1963)：19]尽管一个有大
众媒介运作于其中的社会已经不包含多少意义了，并且
"这个社会的轮廓已经在插图杂志上出现了"[Kracauer，
1995(1963)：16]，但是，对意义的追寻恰恰需要更多媒介

而不是更少媒介。因此,要获得克拉考尔所说的**被解放的意识**(海德格尔显然不会使用"解放"和"意识"这两个词,因为,正如我们之前所说,这两个词有沉重的形而上学包袱),"就必须求助于摄影技术,因为它就是历史的**孤注一掷的游戏**"[Kracauer,1995(1963):61]。克拉考尔和本雅明的评论并不仅仅提供了他们对大众媒介社会早期文化状况的有趣洞察,而且还对由工业导致的生存的碎片化进行了编年史式的研究。因此,他们的思想有助于我们说明海德格尔的理论何以与理解媒介相关联——即使不同思想家在术语、分析方法和分析结果上存在巨大差异,这种帮助也仍然是存在的。因此,克拉考尔在写于 1925 年的文章《旅行与舞蹈》(Travel and Dance)中评论道:"时空中的特殊事件现在能够被添油加醋到极致。这充分说明,与这种令人愉悦之行为相关的最重要的东西是对愈加难以触及的现实存在的扭曲。"[Kracauer,1995(1963):72]他的话同样适用于真人秀这样的形式,因为在海德格尔看来,真人秀可以被看成世界图像时代在相对晚近的时代的呈现。

Dasign:世界图像的时代

> 人类在荷马时代还在思考奥林匹亚众神,但现在人类只思考自己。人类的自我异化是如此之深,以至于他们甚至可以把自己的毁灭当成最好的美学快乐来体验。
>
> [Benjamin,1973(1936):242]

　　"图像"首先会让我们想到某种东西的复制
品。相应地，世界图像也可以说是一幅关于整
体的绘画。不过，"世界图像"意指的东西不仅
是这些。我们用世界图像来意指世界本身，意
指如其所是的世界，意指那个同样会对我们起
着规定和约束作用的整体存在者。"图像"在此
并不是指某种模仿，而是指人们可以从口头语
"我们了解某物的情况（We get the picture
concerning something）"中听出来的东西。

（AWP：129）

　　与麦克卢汉的观点以及前文引用的鲍德里亚关于那
西索斯的文本相仿，上述引文突显了技术时代的人类缩
小了沉思的范围以至于只能自我吸引的情况。我们用
Dasign 这个词来强调媒介的特殊重要性：媒介就是技术 *155*
对此在的历史性削弱在当下所达到的巅峰。[3] 海德格尔
在《世界图像的时代》中探讨了人类这种不断加深的主观
化体验。特别是，他所使用的"图像"并不是指表象式的
模仿，而是指"了解某物的情况"的那种心态。一方面，本
书第二章已经探讨了真理的相合性理论在历史上的主导
地位，但这里所说的真理理论还只涉及以文字形式出现
的陈述；另一方面，海德格尔用"图像"来意指的东西很好
地补充了真理理论，因为"图像"所要概念化的，正是表象
行为本身所具有的对事物进行揭示的本性，也就是说，它
所要概念化的并不是单个的表象。（与此类似的是，海德
格尔所要探讨的是工具性的本质，而不是工具。）

让我们再借助本章提到的与集置相关的若干概念来进行分析。在这个已为强求提供了充分条件的世界上，表象行为本身也会遭到强求，并且，表象之强求还在表象这个世界的过程中发挥着关键的递归作用（也就是征用之链的特点）。对于这种境况，海德格尔借助世界图像（也就是我们所说的 Dasign）的概念进行了深入探讨。与以往相同，海德格尔这种回归基础的路径从提及古希腊开始。他强调说，古希腊最初的**觉知**（apprehending）①概念与我们现代意义上的**表象**（representing）相当不同。"表象（英文 to represent，德文 Vor-stellen）的意思是把现存之物（英文 present at hand，德文 das Vor-handene）作为持立之物呈现在自己（也就是表象它的人）面前来，使它与自己相关联，并且迫使它回到作为规定性领域的与自己的关联中。每当这种事情发生时，人就先于存在者'了解情况（gets into the picture）'。"②（QCT：131）这段引文的最后一句话，道出了表象取代觉知的后果——"了解情况（being in the picture）"的地位优先于存在。当然，

---

① 译者注：此处对 apprehending 的翻译和下文对 present at hand 的翻译参考了海德格尔作品中译本。请参阅：海德格尔. 世界图像的时代 [M]//海德格尔. 林中路. 上海：译文出版社，2004：77-115.

② 译者注：此处 gets into the picture 译为"了解情况"，但我们必须强调的是，它的原意就是"进入图像"。海德格尔的意思是说，了解某物，不仅意味着了解单个事物，还意味着了解与这个事物相关联的其他事物。而包含一切关联和关联物的东西就是世界，但是，对我们来说，世界不可能完整地在场，因此世界就只是一个图像。这意味着，要想在表象过程中了解某物，就必须把世界当成一个图像；了解某物就相当于"进入图像"。请参阅：海德格尔. 世界图像的时代 [M]//海德格尔. 林中路. 上海：译文出版社，2004：77-115.

海德格尔所说的"图像"并不是指任何可能会被放在我们
面前的特定图像。

> 当世界成为图像时，存在者就在其整体性
> 中被并置起来；人们为它们做好了准备，并且相
> 应地打算把它们带到自己面前，继而在自己面
> 前拥有它们，并且最终打算在一种决定性意义
> 上把它们放到自己面前……因此，从本质上讲，
> 世界图像并不是指世界的一个图像，而是指被
> 设想、被把握为图像的世界。（QCT：129）

156

　　因此，我们可以说，海德格尔在晚期著作中深化了对
《存在与时间》中的用具的真正本性的分析。我们如果将
他前后两个时期的分析结合起来，就可以看到，正是因为
工具具有上手性，所以媒介才会成为所有结果都处于同
一个回路中的同义反复之物。

　　如果仅仅像海德格尔的批评者所主张的那样聚焦于
个别技术，我们对上手性的理解就不会更进一步。这是
因为，上手性的本质既不是从事物的外部表象中显现出
来的，也不能通过细致的观察而发现（BT：98）。想象一下
停在跑道上的飞机（《技术的追问》中提到过这个例子）：
我们对待技术事物的方式之所以能够在质上如此不同，
就在于我们把它们预设为某个总体计划的方式是不同
的；只有当我们将对象进行定位，把它放入某个系统之中
时，对象才会"使自身服从于各种各样的指派，服从于'为
了……'"（BT：98）这一点正是麦克卢汉的名言"媒介即讯

息"所蕴含的真理。或者,用海德格尔的话来说,"工作负载着指引联系的总体,并且在这个总体中与用具照面"(BT:99)。就我们对媒介进行分析的目的而言,此处出现的一个关键表述是"指引联系的总体",即:媒介所拥有的那种由环境界定的、并不突兀的本质,或者,由媒介框定的世界图像。就此而言,工作/传播的模式早在实际行为出现以前就已经被预设了。这意味着,技术形式的效果已经取代了观念上的效果,以至于我们关于现实本身的概念都是由指引联系建构起来的(BT:106)。对于这种境况,居伊·德波(Guy Debord)[Debord,1970(1867)]后来又以"景观社会(The Society of the Spectacle)"的名义进行了讨论。

157

Dasign 这个表述有助于传达出设计(designs)和符号(signs)对此在之生存的独特影响——与此相反的是,如果人们只对某个对象所具有的某种物理特性进行研究的话,那么此类研究并不能展示这种独特影响。海德格尔指出,与事物相关联的操劳打交道(回想一下,木匠要认出沉睡在木材中的外形)不同,我们与用具系统的照面更具有"不确定性"(即使在用具与我们的距离很近时,也仍是如此)。符号有很多种,包括语言符号(以口头或书面形式出现的语言)、图像符号(各种图像/图片)或技术性的符号(比如:电脑的底层代码)。这些符号虽然看起来抽象,但却发挥着中介、引导和锚定(anchor)我们的"操劳打交道"的作用。符号之所以能够发挥这些作用,并不是因为它能够借助什么特定的人工制品,而是因为它能够借助一个虽然没有什么固定形状但却很强大的环境——那个渗透着上手性的环境。

对海德格尔来说，那种把符号看成指示工具的倾向是错误的。在他看来，符号不是一个指涉其他事物的事物。相反，符号是一个用来呈现用具总体的用具。在这种呈现中，作为总体特征的上手性就会变得明晰起来。换句话说，符号是上手之物向我们的"寻视""宣示自身"的方式（BT：110）。海德格尔在此是在以明显异于寻常的方式使用"寻视"这个词。在一般用法中，这个词指的是认真地对情境和可能的后果进行思考。而对海德格尔来说，这个词的意思是，我们被自然而然地引向用具所具有的目的（为了……），而不是被引向任何特定的事物。用具因此是在一个指引联系的总体中发挥作用的，而符号就在那个总体中运作，从而建构起我们的世界图像（或者说，把我们的世界建构成图像）。

结　论　　　　　　　　　　　　　　*158*

　　人类面临的威胁并不首先来自有潜在致命性的机械或技术仪器。真正的威胁已经在本质层面上对人产生了影响。集置的统治威胁着人，有可能使人无法进入更本原的去蔽中，继而使人无法体验到更本原的真理的召唤。因此，凡集置统治之处，就存在最高意义上的危机。"但是，危险之所在／就是孕育救赎力量的地方。"

　　　　　　　　　　　　　　　（QCT：28）

我们已在本章中看到,海德格尔的思想之所以对理解媒介有重要意义,就在于他对那些看起来显而易见的东西进行不懈的追问,从而展示出那种显而易见性何以掩盖了各种各样不可思议的属性。正是这些属性让事物坠入了征用之链自我指涉的回路之中。他"虔诚地"致力于质疑关于技术的惯常理解,质疑被这些惯常理解所预设的那一系列中性的、操作化的预设。因此,海德格尔的分析对我们理解媒介环境很有帮助——这个环境中的运作过程都呈现出非常自然的表象,以至于这些过程平时都被当成了天经地义的事。可见,正因为海德格尔愿意追问工具性本身的真正本质,他才能够为后续分析打下重要基础,而他的后续分析所涉及的正是作为工具性的化身的媒介技术。媒介技术内在地包含工具性,所以能够轻易施加影响,创造出鲍德里亚(见上文)所说的"由所指组成的被祛魅的世界"。人们固然可以轻易驳斥海德格尔的民粹主义怀旧情绪,不过海德格尔对技术的追问的确引发了他的同代人的追问:当我们不再被"不可打破的相互联系"系于一体时,会发生什么?当这个世界的特点是"任何人都不承担跟它有关的义务"时,当我们在这个世界上通过各种形式的集置遇到的东西越来越可能只是我们自身的时候,或者说,当 Dasign 进行逼迫的时候,我们该怎样本真地生活?

海德格尔并没有在《技术的追问》的最后给我们提供任何预先准备好的答案或任何可以轻易说明的解决方案。相反,他对结论进行了非常细致的铺陈和阐释。海德格尔的目标,正如《技术的追问》这个书名所示,就是把

159

技术带入质询，使技术成为可被追问的，并且说明技术本身何以产生了对它自己的追问而且一直以来都在关注这样的追问。因此，海德格尔并没有为我们回答关于技术的问题（他也是故意不这样做的）。相反，他邀请我们参与到追问的工作中来。他这样做，并不是要逃避（尽管表面上看起来像是在逃避）。这是因为，长期存在于哲学领域中的一个宝贵传统就是，看重提出正确问题的方法：提出问题的重要性高于提供精妙的总体解决方案，因为这些解决方案的效果，时常只不过是再生产出它们想要解决的问题。在本章和上一章中，我们展示了海德格尔式的本体论分析在帮助我们提出问题方面的价值——我们并不是要追问特定媒介的正确作用是什么。我们要追问的是：特定媒介的作用何以使我们忽视了这种作用的真正影响。本书的结论部分将对这个主题进行思考⋯⋯

注释：

[1]对那些在数字时代长大的人来说，在业余时间摆弄无线电 *175* 也许是一种陌生的、不存在于记忆中的事情，但它的确却是 20 世纪文化的一部分。这种爱好始于 20 世纪 30 年代，并在"二战"后为人们所追捧。在这种爱好盛行的年代，所谓"业余无线电（ham radio）"就是那个时代的因特网，它让无线电技术的功能得到了充分利用，并使得无线电业余操作者能够与全世界的人联系、互动。这些热衷于摆弄无线电的人不仅使用各类工具，而且还经常利用配套元件和军用电子设备的零件组装自己的装置。这种信息技术领域的"自己动手做（DIY）"的方式在个人电脑时代仍然存在：一个例子是硅谷的自制电脑俱乐部（Home Brew Computer Club），另一个例子是那些不懈地搞 DIY 的发明家——史蒂夫·乔布斯（Steve

Jobs)和史蒂夫·沃兹尼亚克(Steve Wozniak)就是这样的人,他们在车库里组装出了第一台苹果电脑。

[2]克拉考尔用"ratio(速率)"来意指工具理性的概念及其在文化产业中的各种体现。海德格尔曾多次指出,ratio 是 logos 的标准译法之一。这一事实再加上其他某些原因,使得海德格尔在《存在与时间》中用 Rede 来意指语言的原初维度,而不是语言的工具维度。正是这种关键差异使得把海德格尔的作品与其他理论家的作品关联起来的工作变得复杂了。这就要求我们谨慎对待他的文本和语言。

[3]有意思的是,出现在《存在与时间》中的**此在**并没有出现在《技术的追问》的文本中。这一点是与下述事实一致的,即:海德格尔在**转向**之后就不再分析**此在**了(尽管对此在的分析是他早期思想的重要标志)。因此,Dasign 这个旧词新用的表述的作用就在于,为抹除充当语迹[Derrida,1982(1972):24]。语迹正是由记号的缺失留下的记号。

结论

技术之外别无他物

在门被堵死之时,思想之不被干扰就变得愈加重要了。

〔Adorno,1991(1969):200〕

也许,唯一可行的姿态就是等待。人们将自身付诸等待……人们等待着,而这种等待,尽管**难以言明**,却是一种尚有踟蹰之意的开放姿态。

〔Kracauer,1995(1963):138〕

结论部分的标题概括了我们对海德格尔对当代文化理论的贡献的解读。德里达指出,**文本之外别无他物**;齐泽克亦主张,意识形态是社会条件不可分离的一部分;与此相仿,海德格尔思想给我们的启示就是,正是在面对无可隐瞒的必然性时,我们才最需要对物提出迫切的追问。有鉴于此,本书接下来的部分并不会给出什么答案。在那些热爱新兴事物的评论者看来,媒介的每一步发展都有着令人兴奋的无限可能,都有助于人类获得解放。但海德格尔却不愿意像这些人一样兴奋,他劝说我们后退一步,以便看清技术的本质。在这个时代,对抽象思考的方法形成围攻之势的,正是那些适合在媒介上展示的金玉良言，是 140 字的推特消息，是那种以非反思性的、乐见的态度为技术背书的总体氛围。在这种情况下，海德格尔坚定的本体论路径不仅与阿多诺对思想不受打扰之强调保持一致，而且还能够对克拉考尔所说的那种**难以言明**的、"尚有踌躇之意的开放姿态"作出回应。

人们要看清以下两个方面的差异：一方面，某种情境不可避免；另一方面，这种不可避免性意味着不值得对那种情境进行思考。同理，本书通篇在告诉我们，尽管技术确实已经四处扩散开来，无所不在，尽管技术已经成为人们体验世界的方式的本质性要素，但是，如果我们接下来得出结论说，技术无非是一种使我们得以与事物照面的中性中介，那么我们就在观念的层面犯了错误。技术条件也许确实是无可摆脱的，但这并没有免除我们认识这一事实的责任，我们仍然要思考它的意义。我们与技术之间的关联是持续发展的，对于这种关联的本质，我们仍然要在保持开放心态的同时持批判态度。这就是说，**一种无可回避的本体论条件，并不同于不可避免的现象学事实**。

为了与海德格尔的本体论方法保持一致，本书各章都在强调应对那形塑存在之揭示的结构进行反思，而不应仅对存在者的个别显现进行反思。我们一直在说明如何从海德格尔的视角全面理解媒介发挥中介作用的方式；人们应当理解某种中介与其所处的更宽广环境之间的关联。本书各章对这一更宽广环境的多种面向进行了解读。

1. 语言是一种元—中介，它不仅事关我们如何言说，而且，更重要的是，它还事关我们如何被言说。 *162*

2. **正确性**与**真理**是不同的——通常，占优势的是表象的正确性，而不是真理的揭示。

3. 作为存在者的事物存在于更宽广的环境中——这个环境有多大，我们对现实的经验被先行对象化的程度就有多大。

4. 以上这些因素都借助技术的构造性而最终发挥效用——技术构造背景，使事物得以显现。

　　现在来看语言和真理方面。本书使用了诸如"关于本质的本质问题"和"以技术的视角考察技术"这样的表述。这样做并不仅仅意味着我们希望模仿海德格尔的表述方式。海德格尔尝试实现对技术的真正领会，而他所用的方式就是：借助语言创造足够的反思性距离，远离技术过程，从而避免以非反思的方式被技术过程所改变。而我们使用那种明显带有同义反复特点的表述，无非是在直接尝试传达这种海德格尔式的意涵。因为我们知道海德格尔使用那些抽象的表述的原因，所以在解读这些表述时，我们并没有被其抽象性吓退，并且，我们发现海德格尔的分析方式对于理解当今媒介那种无形而强大的力量是非常有用的。这种分析方式之所以能够满足我们的需求，就在于它有助于我们超越对任何特定的装置或通信设备的个案研究，超越那个最具误导性的观念——技术具有中性本质。

在此前的各章中,我们一直在解释以发挥中介作用为基础的媒介技术为何会时常被错误地视为现象学意义上的体验的中性工具。即便是像媒介与传播研究这种本应具备更强实力去对技术那极其微妙的本性进行全面反思的学科,也仍然持有这种错误观点。海德格尔借助对技术的追问对那些根本性假设进行不懈考察,以便在观念层面实现突破并远离传统的研究路径。最重要的是,海德格尔的路径并没有聚焦于各种单个的技术工具的性质,而是把我们引向对什么构成了工具性本身这个问题的追问。这种关注抽象内容的意图容易被人们误读成某种完全不可理解的、非实用主义的思想。但是,海德格尔的思想无论如何都不是某种只与非现实世界相关的抽象。事实上,他的思想应该被正确地理解为对抽象性与特殊性之间关联的认识,而这种认识恰恰能够让物(πράγματα)与实用性关联起来。① 具有讽刺意味的是,那些自诩为实用主义者的人在实用主义方面还比不上海德格尔。

海德格尔的著作启发我们去挑战那些宣称媒介具有中性本质的明显不完整的解(误)读。这种挑战可以用以下三个相互关联的方程式来概括。我们能够充分意识到,吊诡之处就在于这些等式不可避免地构成了我们之前质疑过的"计算复合体"的一部分。不过,尽管如此,这三个方程式仍然是有帮助的。本书前边的章节考察的是

---

① 译者注:作者的意思是,在海德格尔看来,作为用具的物总会具有某种实用性并且总是被用于某种实践。从这个意义上讲,海德格尔恰恰是以实用性为起点来进行思考的。

海德格尔在技术裹挟现代形而上学方面的不懈追问,而
以下三个方程式的作用就在于它们能够帮助我们明确并
归纳这些追问中的关键因素及内涵。

方程式 1

t ＝ r ＝ m

从工具主义和人类学层面理解的技术(t)等同于,或
至少在本质上类似于被海德格尔称为"上手之物"的东西
(r)——《存在与时间》中提出了"上手之物"的概念并对
其进行了分析。技术和上手之物都被理解成"服务于人
的特定目的的工具",因此从字面意义上看,这两者都是
媒介(m),都是工具或介质。这就意味着,对海德格尔来
说,任何东西本质上都是媒介,并且,正像马歇尔·麦克
卢汉的著作那样,对"媒介"的这种概念化是宽泛而抽象
的,它涵盖了"人类的延展物"的各个方面。不过,麦克卢
汉只是把"延展物"理解成加之于人类机能上的附属物或
假肢。而对海德格尔来说,"延展物"则是**此在**总是已经
被抛入或被拉入**操劳打交道**之中的方式,而技术对象正
是在这种操劳中被使用并与人照面的。

　　"媒介性(the media)"①因而并不是一种以上手之物
的形式存在于诸事物之中的技术对象或对象复合体。相

164

---

①　译者注:作者在此使用的表述是 the media,这与本书书名 *Heidegger
and the Media* 保持一致。作者要表达的意思是,正如工具性并不是这
个或那个具体的工具一样,所谓"媒介性"也不是这个或那个具体的媒
介,而是指所有能够被看成媒介的东西所具有的本体论结构。

反,它构成了技术对象本身与人们照面的本体论结构。因此,海德格尔的著作在帮助我们理解"媒介性"之泛在性本质的过程中发挥着非常重要的作用——尽管海德格尔并没有花太多时间来分析"媒介性"。海德格尔的不懈追问并不是一种深奥的、极其形而上学的、与前沿媒介技术无关的东西(不过,传播研究似乎通常恰恰将海德格尔著作视作这种东西)。海德格尔的这种追问所涉及的存在的概念无疑是抽象的,并且这种追问看起来与媒介不相关。但事实上,理解媒介所需要的恰恰就是这种追问。海德格尔的理论可以让我们洞察那些有时离我们太近以至于我们无法明察的问题——麦克卢汉所说的生活在水中但不了解水的鱼,以及齐泽克在《视差之见》(*The Parallax View*,Žižek,2006b)中描述的视角转换,都涉及此类问题。

按照海德格尔的思路,作为万事万物的媒介(或者用更合适的提法:联结起万事万物之存在的媒介)构成了事物的总体条件——更准确地说,构成了所有那些作为对象被我们认识并与我们照面的事物的总体条件。这意味着:

165

方程式 2

$$t \neq T$$

在对技术(t)的传统理解中,技术就是在日常生活中作为器物和工具与我们互动的东西。这种理解在海德格尔看来是准确的;在他看来,这种理解与我们平时对技术的显现方式的认识和体验相符，与技术发挥作用的方式以及我们评价技术的方式相符。对技术的这种理解构成了一个有效的起点。事实上，我们可以说，对技术的工具性界定在我们人类阐释技术的过程中一直发挥着工具性的作用。尽管这种界定是**正确的**（或者，按照海德格尔对柏拉图的"洞穴寓言"的解读，这种界定是 ὀρθότης），但是它并不必然是真实的。也就是说，这种理解并不能在本质层面解蔽（ἀλήθεια）技术的本质（用 T 表示）。因此，以标准的工具主义和人类学方式来理解技术（t）——就第一个方程式而言，不仅是技术（t），而且还有媒介（m）——并不等同于技术的本质（T）。将技术理解成人类的行动和卷入关联的工具固然是完全正确的，但以此方式理解的技术与技术的真正本质有着显著差异——海德格尔提醒我们说，技术的本质"绝不是任何技术性的东西"。这就留下了一个重要问题：T 是什么，技术的本质是什么？

方程式 3

$$T = \tau + \lambda$$

　　理解技术的本质（T）的重要意义可以从词源学上找到。"技术（technology）"是由两个希腊文单词组成的复合词，这两个单词是"技艺［τέχνη（techne）］"和"逻各斯（λόγος）"。后者代表的是语言的本原层面——海德格尔在《存在与时间》中将其称为**言谈**或话语。因此，我们可以说，技术的本质（T）可以从技艺（τ）和逻各斯（λ）所表达的整体含义中找到。"技术"一词意味着，作为语言的本

156

原而开启了存在者之存在的**逻各斯**，被要求与技艺相适应，受技艺规制。而技艺不仅意指基于技术性技巧（technical arts）的制作而且还指这种技术中的技巧（art of such technique）本身。

以这种视角来看，技术对海德格尔来说就不是什么来自某个外在领域的外在威胁。它并非像当代科幻小说所写的那样，显现为从另一个时空袭来的恐怖的机器人或致命机器。相反，技术已经是逻辑或逻各斯的重要组成部分，正是通过技术，我们居于其中的这个世界（或者说，我们在感知和认识中得到的关于这个世界的图像）才成为可驾驭的、有用的，才为我们所见。因此，我们不能简单地放弃技术。此处我们应重申那个极具挑战性的德里达式的观点：技术秩序之外别无他物。在技术这种起整合或框定作用的特殊逻辑之外，并无其他空间、位置或立场。因此，最重要的并非是向媒介技术发出最后通牒。这种发出最后通牒的做法，将现代技术世界观对立于某种前现代的乡村田园诗式的浪漫观念。后者看上去是一种最终的、决断性的选择，但它只是表面上如此而已。这种做法不仅代表了错误的二分法，还代表了海德格尔的那些反对者强加于海德格尔身上的轻率选择。在这些反对者看来，海德格尔通过向技术发出最后通牒，来逃避对本体论分析的内涵进行沉思。

再思考海德格尔的真理观

本书第二章引述迈克尔·海姆的描述，说明了将真

理简化成相合性的后果。但是，纵观全书，他的观点尚值
得再次提及。重新思考这些观点，是为了再次强调媒介　　*167*
在真理的揭示能力已被抹杀的情况下所能发挥的作用。
海姆（Heim，1993：68）指出，"真理的本质发生了变
化"——由"作为揭示过程的真理"变成了被理解为正确
性的真理，而后面这个意义上的真理就是"陈述所具有的
反映，或可靠地指涉物体的能力"。我们在导言中提及，
海德格尔宣称"哲学若把自己弄得可通达了，就是在自
杀"；他的这种说法是反直觉的、难以理解的，但其背后的
要旨却可以通过上述海姆的引文得到解释。海德格尔的
这种观点在这个智识平等的时代实在不受欢迎。这是因
为，主导这个时代的是真人秀节目和社交媒体，"所见即
所信"，或者再次用格里高利（Gregory，2007：57）那句引
起共鸣的话来讲："在一个没有思想的时代，可理解性代
表着那种对任何一个无热情的人都有效的普遍可通
达性。"

理解海德格尔思想的内容和表述方式的确不容易，
但海德格尔思想的价值就在于，它可以让那些不懈探究
的读者得到回报，使他们更好地从**真理层面**理解那种对
技术作出的循规蹈矩的、空洞的解读。海德格尔对"正确
的"与"真实的"这两者做了理论区分，并继而提出，正确
的东西如果过于丰富，就可能遮蔽真实的东西。然而，海
德格尔的这个观点同样适用于人们对他的思想的理解。
人们对海德格尔那些不同寻常的观点的解读有时是混乱
的。然而，为什么会出现这些混乱呢？对于这个问题，人
们给出了各种正确的解释。然而，正像使乡村田园生活

与高科技社会相对立的错误二分法一样，这些解释时常偏离或拒斥了一个更重要的事实，即：当我们将海德格尔的成果和关切应用于媒介分析时，我们就能够开启具有挑战性的新视角。

168　　因此，海德格尔对真理的追问提供了四条非常有用、具有启发性的洞察；这些洞察有力地挑战了——如果不是重写了——媒介发挥中介作用的游戏规则：

1. 海德格尔解读了那种已经被媒介理论和实践接受并操作化了的真理理论。他不仅描述了"真理的相合性理论"而且还将这个概念的发展过程置于西方思想史中进行考察。

2. 海德格尔对上述默认的理解方式进行了全面的批判和考察，但他这样做并不是因为人们处理事物的一般方式有什么错误或不当之处，而是因为"相合性"无法对它自身的理论见解给出令人满意的解释。海德格尔特别说明了相合性与表象的正确性（无论是其观念主义的形式还是实在主义的形式）何以需要在先的揭示：要想对比表象与被表象的东西，要想对表象的正确性/错误性进行评价，就必须让某些东西预先被揭示出来。

3. 为回应这个问题，海德格尔为真理给出了更加本原的解释。无论是在时间层面还是在概念层面，这种本原的解释都先于符合论的解释。这种对真理的替代性解释见于古希腊的 ἀλήθεια 一词。这一解释指出，真理意指本原上的去除遮蔽，而"相合性"则是作为一种附属含义,最终从去蔽中衍生出来的。

4. 海德格尔将去除遮蔽的任务交给了 λόγος,后者作为一个希腊词语可被译为多个概念:谈话、语言、逻辑、理性。接着,海德格尔对词(以及其他表象方式)与物之间那种默认的关联进行了重构:媒介和表象手段不仅仅是传播工具,也不仅仅是一种陈述已经"在那里"的物体的信息的次级现象。相反,媒介作为积极的参与者直接出现在揭示物体之存在的过程中。 *169* 这些物体只有在被揭示之后才会被我们当成被表象的东西。

在对以上四点进行总结的基础上,我们必须提出的问题是:人们在意识到自己已经处于技术世界之中时,又该如何栖居在这种无可避免地被技术所裹挟的境况中?或者说,人应该如何在诸媒介(事物)之间①占有一份空间和时间? 更重要的是,海德格尔要求我们思考:我们应该以何种方式理解这种境况下的危险,又该以何种方式与这种危险境况相抗争? 什么东西能够让我们得到救赎?

海德格尔媒介理论的救赎力量

> 艺术会被召唤来完成诗意的去蔽吗? 去蔽是否会以更本原的方式要求艺术尽其使命,让艺术依其职责所在专注地守护那份救赎的力

---

① 译者注:作者在书中其他地方用的表述为 *in medias res*,但此处的表述为 *in media(s) res*。

量,从而唤起并重建我们对给予者的关注和信任?无人知道艺术在极度危险之境地到底会不会依其本质被授予这种最崇高的可能性。不过,我们也许会惊叹于以下这种可能,即:技术的疯狂无处不在,以至于某一天,技术的本质会借助所有这些技术的东西,在真理之生成(coming-to-pass)中显现出来。(QCT:35)

海德格尔有着典型的哲学家气魄,他给我们提出了一个难以理解的、反直觉的论断:与其尝试利用艺术等方式逃避技术的逼迫,倒不如在技术最为狂热的状态中,发现那以最开放的姿态对不断去蔽着的技术本质给出的回应。最终,海德格尔对技术的追问并没有提供给我们预先编造好的答案或者易阐述的解决方案。相反,海德格尔以更谨慎的方式构造并阐释了他的结论。正如他那篇关于技术的最著名的文章①的题目所示,他的目的就在于让技术成为被追问的对象。因此,海德格尔并没有回答关于技术的任何问题。相反,他把我们带入"追问"这项重要的工作中,而追问恰恰是哲学领域中最具典型性的工作。让我们重述本书最开始提到的论点:正如齐泽克(Žižek,2006a:137)所说,"不仅有正确或错误的解决方案,而且还有错误的问题。哲学的任务不是提供答案或解决方案,而是对问题本身进行批判分析,以便使我们认识到,正是我们看待问题的方式成了寻找解决方案的

① 译者注:这里指的是《技术的追问》。

阻碍。"

　　正是这一深层原因使得海德格尔并没有天真地信赖艺术的救赎力量。他宣称："我们越是接近危险,通往救赎力量的道路就越是光明。"(QCT:35)尽管海德格尔的著作在很大程度上被媒介与传播研究忽略了,尽管海德格尔与纳粹的关联为人们**草率地**贬斥他的思想提供了借口,但是他的思想同样也顽强地挑战了人们看待媒介的传统方式。这种被普遍采纳的庸常方式不具有批判色彩,而对存在发挥着中介作用的媒介,也没有在根本的层面进行追问。因此,海德格尔用以结束《技术的追问》一文的并不是某个答案,而是"追问是思想的虔诚"(QCT:35)这句话。这句话不仅是我们在这本书中所信奉的箴言,也是贯穿全书的主导线索。

参考文献

海德格尔的著作

AWP   Heidegger, M. 1977 (1952). 'The Age of the World Picture'. Trans. William Lovitt. In *The Question Concerning Technology and Other Essays*. New York: Harper Torchbooks, pp. 115-154. *Die Zeit des Weltbildes* in *Holzwege*. Frankfurt am Main: Vittorio Klostermann.

BAT   Heidegger, M. 2010 (2001). *Being and Truth*. Trans. G. Fried and R. Polt. Bloomington, IN: Indiana University Press. *Sein und Wahrheit*. Frankfurt am Main: Vittorio Klostermann.

BDT   Heidegger, M. 1971 (1954). 'Building Dwelling Thinking'. Trans. Albert Hofstadter. In *Poetry, Language, Thought*. New York: Harper and Row, pp. 143-162. *Vorträge und Aufsätze*. Pfullingen: Verlag Günther Neske, pp. 139-156.

BFL   Heidegger, M. 2012 (1994). *Bremen and Freiburg Lectures: Insight into That Which Is and The Basic Principles of Thinking.* Trans. Andrew J. Mitchell. Bloomington, IN: Indiana University Press. *Bremer und Freiburger Vorträge.* Frankfurt am Main: Vittorio Klostermann.

BPP   Heidegger, M. 1982 (1975). *Basic Problems of Phenomenology.* Trans. Albert Hofstadter. Bloomington, IN: Indiana University Press. *Die Grundprobleme der Phänomenologie.* Frankfurt am Main: Vittorio Klostermann.

BQP   Heidegger, M. 1994 (1984). *Basic Questions of Philosophy: Selected 'Problems' of 'Logic'.* Trans. R. Rojcewicz and A. Schuwer. Bloomington: Indiana University Press. *Grundfragen der Philosophie: Ausgewählte 'Probleme' der 'Logik'.* Frankfurt am Main: Vittorio Klostermann.

BT   Heidegger, M. 1962 (1984). *Being and Time.* Trans. J. Macquarrie and E. Robinson. New York: Harper and Row. *Sein und Zeit.* Tübingen: Max Niemeyer Verlag.

CTP   Heidegger, M. 2012 (1989). *Contributions to Philosophy (of the Event).* Trans. Richard Rojcewicz and Daniela Vallega-Neu. Bloomington, IN: Indiana University Press. *Beiträge zur Philosophie (Vom Ereignis).*

Frankfurt am Main: Vittorio Klostermann.

DOT Heidegger, M. 1966 (1959). *Discourse on Thinking*. Trans. J. M. Anderson and E. H. Freund. New York: Harper & Row. *Gelassenheit*. Pfullingen: Verlag Günther Neske.

EGT Heidegger, M. 1975 (1954). *Early Greek Thinking*. Trans. David Farrell Krell and Frank Capuzzi. New York: Harper and Row. *Vorträge und Aufsätze*. Pfullingen: Verlag Günther Neske.

EOP Heidegger, M. 1972 (1969). 'The End of Philosophy and the Task of Thinking'. Trans. Joan Stambaugh. In *On Time and Being*. New York: Harper Torchbooks. *Zur Sache des Denkens*. Tübingen: Max Niemeyer Verlag.

ITM Heidegger, M. 2000 (1953). *Introduction to Metaphysics*. Trans. Gregory Fried and Richard Polt. New Haven, CT: Yale University Press. *Einführung in die Metaphysik*. Tübingen: Max Niemeyer Verlag.

LAN Heidegger, Martin. 1971 (1959). 'Language'. In *Poetry, Language, Thought*. Trans. Albert Hofstadter, New York: Harper and Row. pp. 189-210. *Unterwegs zur Sprache*. Pfullingen: Verlag Günther Neske.

LET Heidegger, M. 2009 (1998). *Logic as the*

Question Concerning the Essence of Language.
Trans. Wanda Torres Gregory and Yvonne Una.
Albany, NY: State University of New York
Press. *Logik als die Frage nach dem Wesen der
Sprache*. Frankfurt am Main: Vittorio
Klosterman.

LOH Heidegger, M. 1977 (1967). 'The Letter on
Humanism'. Trans. F. A. Capuzzi. In D. Krell
(ed.), *Martin Heidegger Basic Writings*. New
York: Harper and Row, pp. 189-242.
Wegmarken. Frankfurt am Main: Vittorio
Klostermann.

LQT Heidegger, M. 2010 (1976). *Logic: The Question
of Truth*. Trans. Thomas Sheehan. Bloomington,
IN: Indiana University Press. *Logik: Die Frage
nach der Wahrheit*. Frankfurt am Main:
Vittorio Klostermann.

NOL Heidegger, M. 1971 (1959). 'The Nature of
Language.' In *On the Way to Language*. Trans.
Peter D. Hertz. New York: Harper and Row,
pp. 57-111. *Unterwegs zur Sprache*. Pfullingen:
Verlag Günther Neske.

OEL Heidegger, M. 2004 (1999). *On the Essence of
Language. The Metaphysics of Language and
the Essencing of the Word. Concerning
Herder's Treatise on the Origin of Language*.

Trans. Wanda Torres Gregory and Yvonne Unna. Albany, NY: State University of New York Press. *Vom Wesen der Sprache. Die Metaphysik der Sprache und die Wesung des Wortes. Zu Herders Abhandlung über den Ursprung der Sprache*. Frankfurt am Main: Vittorio Klostermann.

OET Heidegger, M. 1977 (1967). 'On the Essence of Truth'. Trans. J. Sallis. In D. Krell (ed.), *Martin Heidegger Basic Writings*. New York: Harper and Row, pp. 117-141. *Wegmarken*. Frankfurt am Main: Vittorio Klostermann.

OGS Heidegger, M. 2010 (1976). 'Only a God Can Save Us: Der Spiegel Interview'. Trans. William J. Richardson. In Thomas Sheehan (ed.), *Heidegger: The Man and the Thinker*. New Brunswick, NJ: Transaction Publishers, pp. 45-68.

OWA Heidegger, M. 1971 (1960). 'The Origin of the Work of Art'. Trans. Albert Hofstadter. In *Poetry, Language, Thought*. New York: Harper and Row, pp. 17-87. *Der Ursprung des Kunstwerkes*. Stuttgart: Reclam.

PDT Heidegger, M. 1998 (1967). 'Plato's Doctrine of Truth'. Trans. T. Sheehan. In W. McNeill (ed.), *Pathmarks*. Cambridge: Cambridge

University Press, pp. 155-182. *Wegmarken*. Frankfurt am Main: Vittorio Klostermann.

PMD　Heidegger, M. 1971 (1954). '. . . Poetically Man Dwells . . .' Trans. Albert Hofstadter. In *Poetry, Language, Thought*. New York: Harper and Row, pp. 213-229. *Vorträge und Aufsätze*. Pfullingen: Verlag Günther Neske, pp. 181-98.

QCT　Heidegger, M. 1977 (1962). 'The Question Concerning Technology'. Trans. William Lovitt. In *The Question Concerning Technology and Other Essays*. New York: Harper Torchbooks, pp. 3-35. *Die Frage nach der Technik in Die Technik und die Kehre*. Pfullingen: Verlag Günther Neske.

TL　Heidegger, M. 1998 (1962). 'Traditional Language and Technological Language'. Trans. Wanda Torres Gregory. *Journal of Philosophical Inquiry* 23(2): 129-145.

TT　Heidegger, M. 1971 (1954). 'The Thing'. Trans. Albert Hofstadter. In *Poetry, Language, Thought*. New York: Harper and Row, pp. 165-182. *Vorträge und Aufsätze*, pp. 157-180. Pfullingen: Verlag Günther Neske.

TUR　Heidegger, M. 1977 (1962). 'The Turning'. Trans. William Lovitt. In *The Question*

Concerning Technology and Other Essays. New York: Harper Torchbooks, pp. 36-52. 'Die Kehre'. In *Die Technik und die Kehre*. Pfullingen: Verlag Günther Neske.

WCT   Heidegger, M. 1968 (1954). *What is Called Thinking*? Trans. J. Glenn Gray. New York: Harper Torchbook. *Was Heisst Denken*? Tübingen: Max Niemeyer Verlag.

WIT   Heidegger, M. 1967 (1962). *What is a Thing*? Trans. W. B. Barton and Vera Deutsch. Chicago: Henry Regnery Company. *Die Frage nach dem Ding*. Tübingen: Max Niemeyer Verlag.

WTL   Heidegger, Martin. 1993 (1959). 'The Way to Language'. In *Martin Heidegger: Basic Writings*, 2nd edn. Trans. and ed. David Farrell Krell. San Francisco, CA: Harper Collins, pp. 393-426. *Unterwegs zur Sprache*. Pfullingen: Verlag Günther Neske.

其他参考文献

Adilkno. 1998. *Media Archive*. New York: Autonomedia.

Adorno, T. W. 1991. *The Culture Industry: Selected Essays on Mass Culture*, ed. J. M. Bernstein. London: Routledge.

Adorno, T. W. 1991 (1938). 'Fetish Character in Music and the Regression of Listening', in J. M. Bernstein (ed.), *The Culture Industry: Selected Essays on Mass Culture*. New York: Routledge. Originally published in Zeitschrift für Sozialforschung, vol. VII, Paris: Alcan.

Adorno, T. W. 1997. *Aesthetic Theory*, ed. Gretel Adorno and Rolf Tiedemann, trans. Robert Hullot-Kentor. Minneapolis: University of Minnesota Press.

Allen, W. 1977. *Annie Hall*. Hollywood, CA: United Artists.

Andrejevic, M. 2009. 'Critical Media Studies 2.0: An Interactive Upgrade'. *Interactions: Studies in Communication and Culture* 1(1): 35-51.

Arendt, H. 19 . *Eichmann in Jersualem: A Report on the Banality of Evil*. New York: Penguin Books.

Barthes, R. 1973 (1957) *Mythologies*. London: Paladin Books.

Baudrillard, J. 1984 (1981). *Simulations*, trans. Paul Foss, Paul Patton and Philip Beitchman. New York: Semiotext (e). *Simulacres et Simulation*. Paris: Editions Galilée.

Baudrillard, J. 1983 (1978). *In the Shadow of the Silent Majorities*, trans. P. Foss et al. New York: Semiotext(e). *A L'Ombre des majorités ou la fin du social*. Paris: Cahier Quatre d'Utopie.

Baudrillard. J. 1988 (1987). *The Ecstasy of Communication*. New York: Semiotext (e). Paris: Editions Grasset.

Baudrillard, J. 1990 (1979). *Seduction*. New York: St. Martin ' s Press. *De la séduction*. Paris: Editions Galilée.

Baudrillard, J. 2002 (1995). *The Perfect Crime*, trans. Chris Turner. New York: Verso. *Le crime parfait*. Editions Galilée.

Baudrillard, J. 2005 (2004). 'The Intelligence of Evil, or the Lucidity Pact', trans. Chris Turner. Oxford: Berg. *Le Pacte de lucidité ou l'intelligence du Mal*. Paris: Editions Galilée.

Bauman, Z. 1989. *Modernity and the Holocaust*. Cambridge: Polity Press.

Bennington, G. and Derrida, J. 1993 (1991). *Jacques Derrida*, trans. Geoffrey Bennington. Chicago: University of Chicago Press. *Jacques Derrida*. Paris: Editions du Seuil.

Benjamin, W. 1969. *Illuminations*, trans. Harry Zohn. New York: Schocken Books.

Benjamin, W. 1973 (1936). 'The Work of Art in the Age of Mechanical Reproduction', trans. H. Zohn. In *Illuminations*. New York: Schocken, pp. 217-252.

Benso, S. 2000. *The Face of Things: A Different Side of Ethics*. Albany, NY: State University of New

York Press.

Berger, P. and Luckmann, T. 1966. *The Social Construction of Reality*. New York: Anchor Books.

Bernet, R. 1994. 'Phenomenological Reduction and the Double Life of the Subject', in Theodore J. Kiesl and John Van Buren (eds), *Reading Heidegger from the Start: Essays in His Earliest Thought*. Albany, NY: State University of New York Press, pp. 245-268.

Bernstein, R. J. 1996. *Hannah Arendt and the Jewish Question*. Cambridge, MA: MIT Press.

Bolter, J. D. 1991. *Writing Space: The Computer, Hypertext, and the History of Writing*. Hillsdale, NJ: Lawrence Erlbaum Associates.

Bolter, J. D. and Grusin, R. 2000. *Remediation: Understanding New Media*. Cambridge, MA: MIT Press.

Carey, J. 1989. *Communication as Culture: Essays on Media and Society*. New York: Routledge.

Chandler, D. 1996. 'Shaped and Being Shaped: Engaging with Media'. *Computer-Mediated Communication Magazine*, 1 February. www. december. com/cmc/mag/1996/feb/ chandler. html, last accessed 27 November 2013.

Chang, B. 1996. *Deconstructing Communication: Representation, Subject and Economies of Exchange*. Minneapolis, MN: University of

Minnesota Press.

Comedy Central. 2006. 'The Colbert Report'. Video Clips available at http://comedycentral.com.

Cooley, C. H. 1962. *Social Organization*. New York: Schocken Books.

Dallmayr, F. R. 1989. 'Adorno and Heidegger'. *Diacritics* 19(3-4): 82-100.

Davidson, A. 1989. 'Questions concerning Heidegger: Opening the Debate'. *Critical Inquiry* 15 (2) (Winter): 407-426.

de Beistegui, M. 2005. *The New Heidegger*. New York: Continuum.

Debord, G. 1970 (1967). *The Society of the Spectacle*, trans. F. Perlman and J. Supak. Detroit, MI: Black and Red. *La Société du spectacle*. Paris: Buchet-Chastel.

Dennett, Daniel C. 1996. *Kinds of Minds: Toward an Understanding of Consciousness*. New York: Basic Books.

Derrida, D. 1976 (1967). *Of Grammatology*, trans. Gayatri Chakravorty Spivak. Baltimore, MD: Johns Hopkins University Press. *De la Grammatologie*. Paris: Les Editions de Minuit.

Derrida, J. 1981 (1972). *Positions*, trans. Alan Bass. Chicago: University of Chicago Press. *Positions*, Les Editions de Minuit.

Derrida, D. 1982 (1972). *Margins of Philosophy*, trans. Alan Bass. Chicago: University of Chicago Press. *Marges de la philosophie*. Paris: Les Editions de Minuit.

Derrida, J. 1988. *Limited Inc*, trans. by Samuel Weber. Evanston, IL: Northwestern University Press.

Derrida, D. 1991. 'Letter to a Japanese Friend', in P. Kamuf (ed.), *A Derrida Reader: Between the Blinds*, New York: Columbia University Press, pp. 270-276.

Derrida, D. 1993. Afterword to *Limited Inc.*, trans. Samuel Weber. Evanston, IL: Northwestern University Press, pp. 111-154.

Descartes, R. 1988 (1983). *The Philosophical Writings of Descartes*, vol. 1, trans. J. Cottingham, R. Stoothoff and D. Murdoch. Cambridge: Cambridge University Press. *Oeuvres de Descartes* in 11 vols. C. Adam and P. Tannery (eds). Paris: Librairie Philosophique.

Descartes, R. 1991 (1983). *The Philosophical Writings of Descartes*, vol. 3, trans. J. Cottingham, R. Stoothoff, D. Murdoch and A. Kenny. Cambridge: Cambridge University Press. *Oeuvres de Descartes* in 11 vols. C. Adam and P. Tannery (eds). Paris: Librairie Philosophique.

Dourish, P. 2004. *Where the Action Is: The*

Foundations of Embodied Interaction. Cambridge, MA: MIT Press.

Durkheim, E. 2008 (1912). *Elementary Forms of Religious Life*. Oxford: Oxford Classics.

Dwan, D. 2003. 'Idle Talk: Ontology and Mass Communication in Heidegger'. *New Formations* 51: 113-127.

Eagleton, T. 2003. *Literary Theory: An Introduction*. Minneapolis, MN: University of Minnesota Press.

Edwards, P. 2004. *Heidegger's Confusions*. Amherst, NY: Prometheus Books.

Ellul, J. 1964 (1954). *The Technological Society*, trans. John Wilkinson. New York: Vintage. *La Technique ou l'enjeu du siècle*. Paris: Librairie Armand Colin.

Feenberg, A. 1999. *Questioning Technology*. New York: Routledge.

Fry, T. 1993. R | U | A | TV? *Heidegger and the Televisual*. Sydney: Power Publications.

Gasche, R. 1986. *The Tain of the Mirror: Derrida and the Philosophy of Reflection*. Cambridge, MA: Harvard University Press.

Gregory, W. T. 2007. 'Unintelligibility in Heidegger'. *The Proceedings of the Twenty-First World Congress of Philosophy*, vol. 11, pp. 57-61.

Guignon, C. B. 1983. *Heidegger and the Problem of*

Knowledge. Indianapolis, IN: Hackett.

Gunkel, D. 2011. 'To Tell the Truth: The Internet and Emergent Epistemological Challenges in Social Research', in Sharlene Hesse-Biber (ed.), *The Handbook of Emergent Technologies in Social Research*. New York: Oxford University Press, pp. 47-64.

Harman, G. 2002. *Tool Being: Heidegger and the Metaphysics of Objects*. Peru, IL: Open Court Publishing.

Harman, G. 2010. 'Technology, objects and things in Heidegger'. *Cambridge Journal of Economics* 34 (1): 17-25. First published online 29 May 2009.

Hayles, N. K. 1999. *How We Became Posthuman: Virtual Bodies in Cybernetics, Literature and Informatics*. Chicago: University of Chicago Press.

Heim, M. 1993. *The Metaphysics of Virtual Reality*. New York: Oxford University Press.

Husserl, E. 1975 (1970). *Logical Investigations*, trans. J. N. Findlay. New Jersey: Humanities Press International. *Logische Untersuchungen*. Tübingen: Max Niemeyer Verlag.

Innis, H. 1951. *The Bias of Communication*. Toronto: University of Toronto Press.

Jameson, F. (ed.) 1980. *Aesthetics and Politics*. London: Verso.

Jones, B. 1990. *Sleepers, Wake! Technology and the Future of Work*. New York: Oxford University Press.

Kant, I. 1965 (1956). *Critique of Pure Reason*, trans. Norman Kemp Smith. New York: St. Martin's Press. *Kritik der reinen Vernunft*. Hamburg: Felix Meiner Verlag.

Kittler, F. A. 1999 (1986). *Gramophone, Film, Typewriter*, trans. G. Winthrop-Young and M. Wutz. Stanford, CA: Stanford University Press. *Grammophon, Film, Typewriter*. Berlin: Brinkmann and Bose.

Kracauer, S. 1995 (1963). *The Mass Ornament: Weimar Essays*, trans. Thomas Y. Levin. Cambridge, MA: Harvard University Press. *Das Ornament der Masse: Essays*. Frankfurt am Main: Suhrkamp Verlag.

Lafont, C. 2000 (1994). *Heidegger, Language and World-Disclosure*, trans. Graham Harman. Cambridge: Cambridge University Press. *Sprache und Welterschliessung*. Frankfurt am Main: Suhrkamp Verlag.

Lévy, P. 2001 (1997). *Cyberculture*, trans. Robert Bononno. Minneapolis, MN: University of Minnesota Press. *Cyberculture*. Paris: éditions Odile Jacob/ éditions du Conseil de l'Europe.

Lucena, A. D. 2009. 'Thinking About Technology, But ... In Ortega's or in Heidegger's Style?' *Argumentos de Razón Técnica* 12(1): 99-123.

Marcuse, H. 2002 (1964). *One-Dimensional Man*. Boston, MA: Beacon Books.

Maturana, H. R. and Varela, F. J. 1980. *Autopoiesis and Cognition: The Realization of the Living*. Dordrecht: D. Reidel.

McLuhan, M. 1962. *The Gutenberg Galaxy: The Making of Typographical Man*. Toronto: University of Toronto Press.

McLuhan, M. 1995. *Understanding Media: The Extensions of Man*. Cambridge, MA: MIT Press.

McLuhan, M. 1997. 'Notes on Burroughs', in M. Moos (ed.), *Media Research: Technology, Art, Communication*. Amsterdam: Overseas Publishers Association.

Nakamura, L. 2007. *Digitizing Race: Visual Cultures of the Internet*. Minneapolis, MN: University of Minnesota Press.

Plato. 1982. *Phaedrus*, trans. *Harold North Fowler*. Cambridge, MA: Harvard University Press.

Plato. 1987. *Republic*, trans. Paul Shorey. Cambridge, MA: Harvard University Press.

Plato 1990. *Phaedo*, trans. H. N. Fowler. Cambridge, MA: Harvard University Press.

Poster, M. 1995. *The Second Media Age*. Cambridge: Polity Press.

Postman, N. 2000. *Building a Bridge to the 18th Century*. New York: Vintage Books.

Richardson, W. J. 2003. *Heidegger: Through Phenomenology to Thought*. New York: Fordham University Press.

Ronell, A. 1989. *The Telephone Book: Technology, Schizophrenia, Electric Speech*. Lincoln, NB: University of Nebraska Press.

Rosenberg, B. and White, D. M. 1957. *Mass Culture: The Popular Arts in America*. Toronto: Collier-MacMillan.

Rötzer, F. 1998. *Digitale Weltentwürfe: Streifzüge Durch die Netzkultur*. Wien: Karl Hanser Verlag.

Rüdiger, F. 2004. 'The Mathematical and the Metaphysical Roots of Modern Technological Thought: Reading Heidegger'. *Revista FAMECOS* 24: 73-83.

Rüdiger, F. 2006. *Martin Heidegger e a Questão da Técnica*. Porto Alegra, Brazil: Editora Sulina.

Ruin, H. 2005. 'Contributions to Philosophy', in Hubert L. Dreyfus and Mark A. Wrathall (eds), *A Companion to Heidegger*. Oxford: Blackwell, pp. 358-374.

Sallis, J. 1987. *Spacings — of Reason and Imagination*

in the Texts of Kant, Fichte, Hegel. Chicago: University of Chicago Press.

Sapir, E. 1941 (1929). 'The Status of Linguistics as a Science', in David G. Mandelbaum (ed.), *Selected Writings of Edward Sapir in Language, Culture and Personality*. Berkeley, CA: University of California Press, pp. 160-166.

Sartre, J.-P. 1983 (1938). *Nausea*. London: Penguin.

Scannell, P. 1996. *Radio, Television and Modern Life*. Oxford: Blackwell.

Scott, J. M. 2005. 'Fancy Her Femme. Flirting with an OPEN Sexual Aesthetic', in Lisa N. Gurley, Claudia Leeb and Anna Aloisia Moser (eds), *Feminists Contest Politics and Philosophy*. Brussels: Peter Lang, pp. 35-44.

Searle, J. 2000. 'The Limits of Phenomenology', in M. Wrathall and J. Malpas (eds), *Heidegger, Coping, and Cognitive Science: Essays in Honor of Hubert L. Dreyfus*, vol. 2. Cambridge, MA: MIT Press.

Shannon, C. E. and Weaver, W. 1963. *The Mathematical Theory of Communication*. Urbana, IL: University of Illinois Press.

Sheehan, T. 2001. 'A Paradigm Shift in Heidegger Research'. *Continental Philosophy Review* 32 (2): 1-20.

Sloterdijk, P. 1987 (1983). *Critique of Cynical Reason*,

trans. Michael Eldred. Minneapolis, MN: University of Minnesota Press. *Kritik der Zynischen Vernunft*. Frankfurt am Main: Suhrkamp Verlag.

Sontag, S. 1979. *On Photography*. London: Penguin.

Sterne, J. 2005. *The Audible Past: Cultural Origins of Sound Reproduction*. Durham, NC: Duke University Press.

Stiegler, B. 2009 (1996). *Technics and Time v. 2: Disorientation*, trans. Stephen Barker. Stanford, CA: Stanford University Press. *La Technique et le temps 2. La Désorientation*. Editions Galilée.

Taylor, P. A. and Harris, J. Ll. 2008. *Critical Theories of Mass Media: Then and Now*. Maidenhead: McGraw Hill.

Thoreau, H. D. 1910. *Walden*. New York: Thomas Y. Crowell & Company.

Virilio, P. 1997 (1995). *Open Sky, trans. Julie Rose*. New York: Verso. La Vitesse de Libération. Paris: Editions Galilée.

Wiener, N. 1950. *The Human Use of Human Beings: Cybernetics and Society*. New York: Da Capo Press.

Wiener, N. 1961. *Cybernetics: Or Control and Communication in the Animal and the Machine*. Cambridge, MA: MIT Press.

Winner, L. 1977. *Autonomous Technology: Technics-out-of Control as a Theme in Political Thought*.

Cambridge, MA: MIT Press.

Wittgenstein, L. 1995 (1922). *Tractatus Logico-Philosophicus*. New York: Routledge.

Wolf, G. 1996. 'Channeling McLuhan'. *Wired* 4(1). www. wired. com/wired/archive/4.01/channeling_pr. html, last accessed 27 November 2013.

Wrathall, M. A. 2011. *Heidegger and Unconcealment: Truth, Language, and History*. Cambridge: Cambridge University Press.

Zimmerman, M. E. 1990. *Heidegger's Confrontation with Modernity: Technology, Politics, Art*. Bloomington, IN: Indiana University Press.

Žižek, S. 1991. *For They Know Not What They Do: Enjoyment as a Political Factor*. New York: Verso.

Žižek, S. 2006a. 'Philosophy, the "Unknown Knowns", and the Public Use of Reason'. *Topoi* 25(1-2): 137-142.

Žižek, S. 2006b. *The Parallax View*. Cambridge, MA: MIT Press.

Žižek, S. 2008. *Violence*. New York: Picador.

Ziolkowski, T. 2001. 'Five Portraits: Modernity and the Imagination in Twentieth-Century German Writing' (Review). *Modernism/modernity* 8(2): 359-360.

索 引

图书在版编目(CIP)数据

海德格尔论媒介/(美)戴维·J. 贡克尔(David J. Gunkel),(英)保罗·A. 泰勒(Paul A. Taylor)著;吴江译.--北京:中国传媒大学出版社,2019.11
(传播与中国译丛 / 黄旦,孙玮主编. 媒介道说系列)
书名原文:Heidegger and the Media
ISBN 978-7-5657-2610-1

Ⅰ.①海… Ⅱ.①戴… ②保… ③吴… Ⅲ.传播媒介—研究
Ⅳ.G206.2

中国版本图书馆 CIP 数据核字(2019)第 234820 号

Copyright © David Gunkel and Paul Taylor 2014
ISBN-13:978-0-7456-6125-4
ISBN-13:978-0-7456-6126-1(pb)
本书英文版于 2014 年由 Polity Press 出版。
本书简体中文版专有出版权由 Polity Press 授予中国传媒大学出版社,在全球销售。未经出版者书面许可,不得以任何形式抄袭、复制或节录本书中的任何部分。
北京市版权局著作权合同登记 图字:01-2019-6146

海德格尔论媒介
HAIDEGEER LUN MEIJIE

主　编	黄　旦　孙　玮	
著　者	[美]戴维·J. 贡克尔(David J. Gunkel)	
	[英]保罗·A. 泰勒(Paul A. Taylor)	
译　者	吴　江	
校　译	孙志宏	
策划编辑	张毓强	
特约策划	李唯梁	
责任编辑	曾白凌　张丽娟	
封面设计	运平设计	
责任印制	阳金洲	

出版发行	中国传媒大学出版社	
社　址	北京市朝阳区定福庄东街 1 号　邮编:100024	
电　话	86-10-65450528　65450532　传真:65779405	
网　址	http://cucp.cuc.edu.cn	
经　销	全国新华书店	

印　刷	北京中科印刷有限公司
开　本	880mm×1230mm　1/32
印　张	9.25
字　数	192 千字
版　次	2019 年 11 月第 1 版
印　次	2019 年 11 月第 1 次印刷

书　号	ISBN 978-7-5657-2610-1/G·2610　定价　66.00 元